天堂蘇記

詹刚 著

中国·苏州
古吴轩出版社

图书在版编目（CIP）数据

天堂苏记 / 詹刚著. — 苏州 : 古吴轩出版社，2014.3（2018.2重印）
ISBN 978-7-5546-0170-9

Ⅰ. ①天… Ⅱ. ①詹… Ⅲ. ①文化史—苏州市 Ⅳ. ① K295.33

中国版本图书馆CIP数据核字（2013）第282571号

书名题字：慧 琪
责任编辑：洪 芳
装帧设计：陆月星
责任照排：刘 浩
责任校对：于业勋

书　　名：天堂苏记
著　　者：詹 刚
出版发行：古吴轩出版社
地址：苏州市十梓街458号　邮编：215006
Http：//www.guwuxuancbs.com　E-mail：gwxcbs@126.com
电话：0512-65233679　传真：0512-65220750
出 版 人：钱经纬
印　　刷：苏州日报印刷中心
开　　本：787×1092 1/16
印　　张：13.25
版　　次：2014年3月第1版
印　　次：2018年2月第3次印刷
书　　号：ISBN 978-7-5546-0170-9
定　　价：35.00元

目录

为什么专讲天堂

提起我们苏州，那可是无人不知，无人不晓。因为早在宋朝的时候，她就大名鼎鼎，名声在外了。“上有天堂，下有苏杭”便是前无古人，后无来者对她的赞美。这里苏杭指的就是苏州和杭州。

谁都知道，天堂的本意指的是美好的地方。从古至今，人们一直把苏杭比作天堂，可见这两个地方好到了什么程度。从另一个角度看，即便是用现代人的眼光来审视，能用这样既贴切又简洁，既通俗易懂又朗朗上口的广告语，来盛传一个地方，以至多少年来，如此经久不衰，如此深入人心，这不要说在中国，乃至全世界，恐怕也是不多见的。

今天我讲的只是有关苏州的事儿。

由此有一个问题就不能不面对，又不能不思考，大家都在说苏州是天堂，那么试问：这苏州何以成为天堂？她有哪些元素组成？她又有着怎样的传奇和风采？还有未来的天堂又该怎样？

曾记得2004年10月，在由中央电视台举办的“中国十大最具经济活力城市”的评选中，苏州一举捧回了“年度城市大奖”，组委会的颁奖词是这样说的：

一座东方水城，让世界读了2500年。

一个现代工业园，用10年时间磨砺出超越传统的利剑。

她用古典园林的精巧，布局出现代经济的版图。

她用双面绣的绝活，实现了东方与西方的对接。

再来听听另一种表述：“我不知道天堂是什么样子，但我想，如果天堂有苏州的十分之一的美丽，那就好了。”这是十多年前，祖籍苏州的美籍华裔诺贝尔物理学奖得主李政道先生，回故里重游时发出的由衷感叹。

是的，这就是我们的天堂，这就是我们的苏州。

这就是说起她我就会眉飞色舞的天堂苏州。

可就在前几年，还未等我来得及琢磨这问题时，我被朋友的一次意外发问触动了。那天一位来自远方的朋友到苏州游览，他也算是一个有点文化的人士。我们喝着茶聊着天，无意中他说他对我们苏州天堂挺感兴趣，说我是苏州人，总比他对苏州了解多一些，所以想让我详细介绍介绍这方面的情况。

当时我真有点被他问懵了。坦率地讲，也许是我长期从事新闻职业的缘故，对这方面也算了解一点，不过毕竟没有很好地去关注过，钻研过，充其量也只是知道些大概或者皮毛，若要我正儿八经地或是要比较详细地一一道来，那只能甘拜下风，无言对答了。

或许是朋友把我看高了，或许是朋友正在做这方面专题研究，当然也可能是朋友兴趣来了随便问问而已。但不管如何，就这样的一次邂逅，就这样的一次发问，我竟然多多少少产生了一种莫名的自责和汗颜。尽管这不是我应尽的责任和义务，也未必需要我自作多情去操那份子心。

不过，也就是从那时起，我倒开始有心地留意起这方面的事儿，有时还认真收集和阅读一些相关的书籍和资料。其实那时还没想那么多，很简单，只是为了以防不测，免得到时再被人问及而陷尴尬。

然而就在这边学习边积累的过程中，我无意中又猛然觉得，不管现在还是过去，出版的有关苏州的书籍不计其数，但就其专门来介绍天堂苏州这方面的却好像还不多，自然更谈不上比较详细和全面。也就在这时，像是受到了启发似的，我突然萌发了一个极其大胆却又十分虔诚的念头，我为何不能尝试一下，就围绕天堂苏州这一话题，把她的前世今生、来龙去脉等方方面面，进行一次梳理和解读，来一个通俗版的解读天堂苏州怎么样。而在这之前，我曾有过一个计划，每十年写一本书，主要是有关人生方面的，即1994年出版了《处世在度》一书；2004年《人生在己》问世。本打算2014年完成第三本书，也是有关人生的，而且题目已取好了。现在看来要暂时搁置一下了。

尽管我知道，这一方面我还相差甚远，对苏州的人文历史诸多方面了解不够。我也明白，这一话题看起来似曾相识，可真要把她说出点名堂来，恐怕也不是一件容易的事，一切都要从零开始，要靠自己不断学习和慢慢消化。当然我更清楚，这绝不是上级什么指令性的任务，也没有任何人来逼我，全是自找的，这就需要自己静得下心来，耐得住寂寞，更需要有一种超越自我的信念和非凡的忍耐力。

于是，就这样我上路了，我出征了，我行动了。时间定格在2010年5月1日。之所以选择这一天，因为我觉得这一天很有意义。大家可能记起来了，这一天正是举世瞩目的世界博览会首次在中国上海开园的日子。她的主题就是：城市，让生活更美好。而我要写的内容正好与这完全相符，一拍即合。也就在当天晚上，从新闻媒体中得知，这天应邀出席上海世博会的亚美尼亚总统谢尔日·萨尔基相率代表团来苏州访问，他在参观后无限感叹地说，今天看了才知道，其实城市让生活更美好，在苏州早已实现，这里的生活那么舒适方便精致，看来苏州是一个名不虚传的人间天堂。

曾有人问我，这几年你在干啥？哈哈，恕我直言，我如同做梦一般，每到晚上，或是节假日，闲着时，我就躲进自己的书房，连自己也不敢相信，我是如何熬过来的，我曾迟疑过，彷徨过，甚至想放弃过，但最终我还是执着地坚守了，坚韧地挺住了，而且还心想事成了。

世界上的有些事情，大概就是这样，偶然着，也必然着。

现在又有人问我，你的自信和动力究竟来自何方？这又让我怎么回答？恐怕难以说清。其实还用说吗？事情明摆着，一切都缘于这块天地的造化。要知道，冥冥之中，这天堂的基因，早已注入了我的躯体，而我的灵魂，又怎能不为她翩翩起舞？

是的，我不能不为天堂苏州喝彩，不能不为天堂苏州叫卖，不能不为天堂苏州立言。在这样的时代，尽管我知道，高科技的神奇正在史无前例地把世界改观，信息大爆炸的到来也可能会把过去的一切淹没，但我依然守望：天堂苏州，作为人类文明史上的经典一页，她既不会暗淡，也不会失色，还要继续。

是的，这就是我的美好梦想，这就是我的心灵渴望。

当然，我也从来不会自我感觉良好，因为我太了解自己，对于天堂苏州的认知，我还很肤浅，许多方面还不到位，充其量仅仅是自己的一点理解，一点想法。权当是我一次倒逼自己增加学养的机会，一次享受天堂苏州美丽的巡礼，也可看作是一次抛砖引玉的探路吧。

在写作过程中，我参考了许多文献，还得到了不少专家学者的指点和帮助，在此一并表示真诚的谢意。

天堂苏州，是一本无穷无尽的大书，这里仅仅是开了一个头。只想让大家对天堂苏州有一个更全面、更清晰、更快捷的了解。期待着有志者继续把书写下去，愈写愈精彩。

本来，自序写到这里就该收笔了，可我停不下来。还有几句话不吐不快。那是因为，在赞叹天堂的时候，尤其是面对一个自己朝夕相处的天堂，我的心里总藏着抹不去的纠结和忧伤。不错，这些年来，我们苏州发展确实很快，也很好。可谓是成就辉煌无比，世人无不惊呆。但也不能不承认，我们所付出的代价也是相当沉重的，特别是生态自然环境上遭遇的不幸，更是令人痛心。回望天堂，曾经的鱼米之乡正在渐渐离去，原有的苏式生活也只是梦中的雅致。

取而代之的便是铺天盖地的“工厂企业”、“房地产”、“GDP”，还有那被污染了的田野、湖泊、河流和空气。这几年，虽然也经过一些治理，但毕竟早已融水入土，根深蒂固，积重难返。往日特有的“春水碧于天，画舫听雨眠”的江南景色，也只成了梦里水乡。

由此，这怎不让人忧心忡忡？怎不让人深刻反思？人们不禁要问：我们总说要发展，可到头来这发展究竟是为了什么？我们到底需要怎样的发展？未来的苏州又该走向何方？

这注定无需作任何的理论探讨，最迫在眉睫的是我们要立即行动起来，这里的关键，套用现在一句时髦的话来讲，就是要从顶层设计开始，全面谋划，真抓实干；要从问题导向入手，切实转变发展模式，不再让天堂受到伤害。

谁都知道，天堂苏州，不仅是过去的，也是现在的；不仅是苏州自己的，也是全国大家的，乃至是人类共同拥有的。让我们大家携起手来，好好呵护她，好好传承她，好好完美她，让天堂苏州更加璀璨无限。

引子

苏州是水做的

这滴水，来自上天
一落人间，顿时化作
波光粼粼的湖泊
纵横交错的水巷
还有那蒙蒙烟雨
从此，这地方
草长莺飞，鱼儿欢畅，禾苗兴旺
一个活生生的繁写“蘇”字跃然而出
苏州，由此闻名
都说，苏州是水做的
这“苏州”两字，本是“水做”的谐音

这滴水，如何了得
多少年来，这里因水而
滋润，繁华，秀雅
早在秦汉就是“江东一大都会”
唐代“人稠过扬府，坊闹半长安”

到了宋朝，也许，人们实在难以赞叹她
就给她起了个好听的名字叫天堂
至今那句俗语还在传唱
“上有天堂，下有苏杭”
元代“苏州城漂亮得惊人”
明清“最是红尘中一二等富贵风流之地”
当下更是令人神往

这滴水，固然非凡
那阵势分明带着周王室的血脉
还有黄河叱咤风云的豪迈
曾几何时，太伯，仲雍
千里迢迢，奔吴而来
十九世寿梦，气贯长虹，吴国称王
阖闾夫差，前赴后继，所向披靡
营造大城，相土尝水，象天法地，为国为民
铁马金戈，西破强楚，北威齐晋，南服越人
终究成为“春秋五霸”之一
尽管那是惊鸿一瞥，昙花一现
但悲壮中不失
好强争雄，威武不屈之霸气

这滴水，似乎变了
不再是大江的波涛汹涌
也不见疆场的刀光剑影
刚柔相济，温和内敛，便是她

文以载道历练出的特有精魂
那是范仲淹府学首开先河崇文重教
那是状元之乡人才辈出风尚荣耀
那是东方水城两千五百年古韵传承
那是戏曲鼻祖昆曲六百年委婉缠绵
那是古典园林天人合一淡定人生
那是吴门画派水墨丹青江南写意
那是苏作玉雕红木家具精致圆润
那是评弹声声吴侬软语甜美乡音
那是双面绣巧夺天工纤细灵动
美哉，水做天堂，举世无双

第一讲

得天独厚好地方 鱼米之乡繁华地

都说苏州是个风水宝地，那么人们不禁要问，这上天究竟是怎样恩赐她、呵护她的？苏州自古是个鱼米之乡，这千百年来又给世人留下了怎样一个个充满诱惑、让人神往的良辰美景？

苏州之所以成为人间天堂，是由诸多方面组成的。至于有哪些，大家都会从不同角度、不同层面作出自己的分析和判断。不过在我看来，不管你怎么看，也不管你有什么主见，有一点是要肯定的，首先得益于苏州有一个优越的自然环境。这也是苏州之所以成为天堂的基础和根本。

其实，这道理也很简单，所谓一个地方好不好，最主要是看是否适合人的居住和生活。千百年来人类文明历史的进程告诉我们，自然环境的优劣，则决定着人们的生活质量好差。再从更大范围上看，她会直接或间接地影响着当地经济社会的发展，甚至是举足轻重的。

我们很多人都去过欧洲。回顾头来想想，大家最羡慕的是什么呢？在我看来，大概不是那想象中的现代都市，倒是那里的良好生态和人文环境。可以这样说，整个欧洲，所到之处，不是长势旺盛的农作物，就是绿黝黝的树林，要不就是地毯式的大片草坪，要找一块裸露的土地也难。

在那里，你就不知道天空还有什么灰蒙蒙，雾霾霾，她的底色便是清一色的蔚蓝。

在那里，无论城镇还是乡村，湖水河水总那么清澈见底，似乎从没有受过现代工业的污染。

在那里，都市不失繁华气派，却又秩序井然，礼让文明。

在那里，百年的建筑，石块铺就的巷子，比比皆是，他们从不喜新厌旧，大拆大建，因为那儿一砖一瓦一草一木，都浸润他们无尽的历史和文化。

在那里，人们行走的脚步，总像蜗牛那般不紧不慢，脸上淡定一片。

在那里，人们还常常习惯在阳光下喝着咖啡聊着天，好一副悠闲自得的样子。……据说那是一个被上帝吻过的地方。

如实地讲，过去苏州这地方就有点欧洲的样子。用风水先生的话说，这是一块打着灯笼也难找的福地，要不怎么叫天堂呢？这也不免让我时常会在外地客人面前，流露出一种掩饰不住的自豪感，尤其是到全国各地看多了，再一比较，这种感觉就更加强烈。

都说苏州是个风水宝地，那么这上天又是怎样恩赐她、呵护她的？比如自然环境有些什么特征？气候有什么不同？苏州自古就是个鱼米之乡，物产富饶，商贸繁荣，这千百年来，她又给世人展现了怎样一幅幅充满诱惑、让人神往的良辰美景？

先说说地理情况。如今都说位置很重要。对一个人而言，所处地位不同，命运也会产生差异。这地理也不例外。常言道，淮南生橘，淮北生枳，就是这个理儿。那苏州处在一个什么样的地理位置呢？

在当代中国，有三大区域被称之为黄金地带。它们分别是南部的珠江三角洲，北部的渤海湾三角洲，东部的长江三角洲。苏州就处在长江三角洲。

你打开地图一看就知道，她北枕长江，西傍太湖，东濒东海，和上海相连，南接浙江嘉兴和湖州。现在苏州共管辖六个行政区和四个县级市。他们分别是姑苏区、吴江区、吴中区、相城区、工业园区、高新区，以及张家港、常熟、昆山、太仓市。其中这四个县级市都是全国榜上有名的十强县市，工业园区也因与新加坡联合开发而名声鹊起。

苏州的地貌，从整体看属平原形态，则是西北略高，有些山丘，而东南偏低。这里最显著的特征是：水域众多。苏州总面积8488平方公里，水面积却达到3608平方公里，占42.52%，几乎快占据了半壁江山。据最新资料统计，全市境内共有大小湖荡400多个，河道2万多条，总长度1457公里。据史载，古代苏州的水域比现在还要多得多。

用这样的一些数据来讲水多，也许大家不会有特别感觉。尤其是对一些难得来苏州的人士来说，大家即便来苏州，停留时间大多也不会太长，不可能到很多地方去看看。其实就是长期生活在本地的苏州人，要是平时不常出去走走，情况也差不多。过去我也这样。

不过对苏州的水，因我有过一次特殊经历，由此加深了我对苏州水的特有感受。

那是二十多年前，我还在上海空军部队工作。清楚地记得，四月的一天，我有幸跟随军首长，搭乘直升飞机从上海飞抵苏州光福机场。可能是我第一次乘坐直升飞机，不免有些好奇，在机上我总是不停地朝窗外张望。都说苏州是水乡，我当然要借此机会，在空中好好看看苏州大地究竟是个什么模样。

那天，晴空万里，能见度极好。加上飞机飞得又低又平稳，所以看下面特别清晰。飞机进入苏州境内的昆山吴江后，明显感觉湖泊、河流越来越多。因为是在空中俯瞰地面，视线很开阔，一切尽收眼底。

那时那刻，苏州大地犹如一幅硕大无比的水墨画卷，一览无余地展现在了我的眼前：

这里有着广阔而多彩的田野，绿油油的麦苗，黄灿灿的油菜花，紫微微的红花草；这里有着一片片一丛丛被树木簇拥着的城镇、乡村，又多是黑白相间的粉墙黛瓦，还有那袅袅升腾着的炊烟。……而这里给我视觉最大冲击力的是，这苏州的大地上怎么有那么多星罗棋布的湖泊水塘，那么多密如蛛网的河流水湾？他们正在阳光的映照下，如同无数珍珠、玉带一般地在闪烁，在舒展，好不耀眼，好不迷人。

我要说，这一切恐怕在地面上是无法想象的。也许就从这一刻起，我才从骨子里真正领悟到了，苏州自古以来，为什么总被人称之为“水乡泽国”、“锦绣江南”，又被当代人盛赞为“东方威尼斯”、“水天堂”。这又不由使我想起了北宋一位水利专家郏亶所说的那句经典：“天下之利，莫大于水田；水田之美，莫过于苏州。”这回我算是领教了。

事后我还曾有过一个天真的想法，要是有一天能让旅游者在空中鸟瞰苏州，品赏水韵，那该多么美妙。也可能那次的印象太深了，后来回地方工作后，我居然还一本正经地找过苏州旅游部门的负责同志，畅谈过自己的设想，是否与航空部门合作，共同开发“空中看水乡”的旅游项目。当时他们也很感兴趣，可到后来由于种种原因未能如愿，这多少有点遗憾。也正因为我对水有了特别的情感，以至后来，在苏州电视台工作时，还专门请来全国著名导演刘郎先生，共同策划拍摄了五集文化艺术片《苏州水》，并由时任中国作协副主席的陆文夫先生担当顾问。现在已成为一部不可多得的经典之作。

再看看气候情况。大家注意到没有，这些年来，有一个全球性的话题愈来愈引起人们的关注，上至联合国开会、议题、宣言，下至各国政府研讨、规划、举措，还有各大媒体无时不刻紧追不舍的热点报道。这是什么？这就是气候问题。似乎人类从没有像今天这般关心气候。也许这些年气候变化太异常了，可谓是天有不测风云。

那么苏州的气候情况怎么样呢？大家知道，我们苏州处在中亚热带向北亚热带过渡地区。也就是说，这里既不属北方，也不属南方，而处在北方与南方相交相合的中间地带。由此她便有了一个极富有诗意的爱称叫“江南”。她的一个明显特征就是：四季分明，雨水充沛，气候温润。

这样的季节，给人们生活带来的感受也是缤纷多彩的。春天，这里细雨绵绵，杨柳依依，柔情似水。夏日，这里荷花盛开，秧苗滴翠，无不充满生机和活力。秋季，这里丹桂飘香，稻浪翻滚，鱼虾满塘，尽是一派丰收盛景。冬日，这里自然比不上北国冰雪的豪迈，但时常朵朵飘落的雪花，也总把苏州打扮得别有一番情调。当然也不回避，苏州的冬季看起来确实很美，让人产生遐想，但实话实说，总不那么好受，更难以浪漫，尤其从北方来到这里，感觉会更强烈一些。因为这儿的寒冷虽比不上北方，可她却是一种阴阴的冷，湿湿的冷，又冷得那么沾人，那么让人坐立不安，好得这些年家家户户都有了空调，冬天才好过一些。

尽管如此，相比而言，苏州的气候无论是过去还是现在，总体还都是比较平和的，很少有过那种过山车似的大起大落，暴热暴冷。气象资料表明，通常苏州年平均气温在15℃上下，盛夏7月份平均温度为28℃。只是个别一些年份也有过反常。如1958年1月16日，其最低气温为-9℃。再往前看，自公元1600年至今，太湖也曾被封冻过18回。

说到气候，人们肯定忘不了那个多少有些让人喜欢让人烦恼的梅雨时节。这大概也是江南，也是苏州特有的。每到春末夏初的6—7月间，总会出现这样一种情形：一方面南来的暖湿气流北上来到长江流域，另一方面北下的冷空气也毫不买账地赶到这里，于是，这一南一北一暖一冷的气流，在此邂逅会合对阵，与此同时，双方因势均力敌，不相上下，呈现出一种拉锯势态，最终便造成一段时间的连续阴雨天气。这个时辰恰逢江南地区的梅子成熟，因此通常人们把这段时间的天气称之为“梅雨”季节。也正因这样，所以每到这时，苏州的雨水就显得格外多。

据苏州1951—2006年50多年的降水量记载，年平均为1118.9毫米，降水天数年平均为128.1天，也就是说，基本上每3天要下一次雨。

1999年，苏州市区降水量高达1780.7毫米。雨水多，有它好的方面，尤其对大自然农作物的生长及其他。不过，也因为雨水太多，总是没完没了，下个不停，时常给人们的生活也带来诸多的不便。有时连绵不断的雨水把人的情绪也打蔫了，弄得好忧郁，好恼心。

当然这也不算多大的事。而一说到雨水多，大家可能更多地会联想到另一个问题，既然这样，那么怎么就不太听说苏州历史上有过什么大洪大涝的？这是怎么一回事？

似乎有点自相矛盾，也有点不可思议。

要讲苏州从没有出现过大洪大涝，那倒也不是。据史载资料统计，自公元251年至1949年的近1700年中，苏州共遇水旱灾害531次，其中水灾402次，旱灾129次。从上个世纪50年代到现在，苏州就先后出现过三次大的洪涝。分别是1954、1991、1999年份。就说1991年夏季太湖流域遭受的那场特大水灾，对苏州而言，也是百年一遇。像苏州这样的天堂也遭受了灾，这事非同小可，消息惊动了北京高层，时任中共中央总书记、国家主席江泽民很是牵挂，专程赶到苏州视察灾情。由于苏州抗洪各方面准备充分，加上日常水利工作到位，所以大洪大涝虽然来势汹汹，可就像赶集似的，来得快走得也快。因此可以这样讲，无论是对农作物还是企业生产，乃至百姓生活都没造成什么大的损失，当年水稻依然获得好收成。而住在古城里的人们，那些天似乎一点也没有什么洪涝灾害的感觉，依然过着他们往常的日子。

不过，在此有一点也是可以肯定的，自古以来，苏州所遭受的灾害次数，尤其受灾程度损失，若与其他地方相比，那可谓是小巫见大巫了，甚至可以忽略不计。我说这话，当然不是信口开河的，要不我们就拿同省一江之隔的苏北地区来比照。

大家可能还记得有这样的诗句：“黄河之水天上来，奔流到海不复回。”看看多么气势，多么壮美。这就是我们的黄河，也就是被称之为中华民族的母亲河，没有它也谈不上五千年的中华文明。但从自然角度去审视，也不能不看到，它也曾给我们带来巨大的灾难和流不完的泪水。

黄河原来是一条纯北方的河流，本来与江苏没什么搭界。可到了公元1128年，南宋的东京留守司杜充，说是为了阻止金兵南下，在今河南滑县西南扒开了河堤，黄河从此改道。黄河水经过豫鲁西南，汇入泗水，最后注入淮河，开始涌入江苏境内，从此一发不可收拾。平静的苏北被折腾得年年不太平。黄河在江苏境内横行了700多年，直到1855年才再次改还山东入海，而它所造成的生态环境恶化已难以挽回。

此外，由于苏北东部地势偏低，还要经常受到海潮侵袭。从公元964年至1948年的984年中，仅盐城地区就受灾达65次，每次都是灾难深重。清雍正二年，也就是1724年，巨大的台风将树木连根拔起，海潮涌进了盐城县城，大片房屋被冲垮，淹死的就达5万人之多。

大家都知道，过日子是要讲安稳的，财富也是要靠积累的，假如一个地方老闹洪涝灾害，或是隔三差五地遭受大灾大难，你想想这日子能过得踏实吗？这生活会过得舒坦吗？

其实诸如此类的天灾，在全国许多地方似乎已不是什么偶尔的事，甚至也可以讲已成常态，司空见惯。曾记得三十多年前，我还在湖北武汉军校学习。有一次到郊外进行训练，无意中发现这里的农户家里几乎没有一件像样的家具。而那时像我们苏州一带农民家里，即使再穷，也有一些桌椅板凳什么的。可这里还真没有，吃饭就挨着那灶头上。后来一打听才知道，这儿几乎年年发大水，成为洪水走廊，老百姓日子过得很艰难，家里自然也没啥值钱的东西。

说这些过去的事，大家可能会觉得太遥远，也没有什么直觉。那就让我们领略一下这几年的所见所闻。

这年头这老天爷也像脑神经搭错了，动不动情绪失控，不是这儿刮暴风雪下大冰雹，就是那儿大洪大涝大干旱，还有什么大地震、大沙暴。要是偶尔有那么几回，倒也罢了，可现在就像人来疯似的，你越说它，就越来劲，越亢奋，越猖狂。

大家还记得几年前的2008年吧，这年年初，正当全国民众高高兴兴准备过新年之际，一场席卷南方六省市的漫天大雪夹带着冻雨，就这样毫不留情铺天盖地扑了下来。铁路受阻，汽车难行，高压线折断，一片大混乱。没过几个月，当人们还没喘过气来，正想好好享受春天带来的温暖时，一个更大的不幸从天而降，5月12日，我国四川汶川地区发生了超级大地震，一瞬间，地动山摇，山崩地裂，成千上万的生灵从此戛然而止，几乎所有的房屋桥梁毁于一旦，惨不忍睹。……

转眼到了2009年，善良的人们总是怀着虔诚的心愿，憧憬着美好的明天，可老天爷似乎压根儿没有这个想法，继续天马行空，我行我素，独来独往，所到之处无不狼藉一片。先是在新疆伊犁一带大闹天宫，那暴风雪呼呼啦啦，没完没了，直到5月份还在那儿肆虐。也几乎在同一时刻，他又跑到东部，给山东渤海湾地区来了个下马威，风雪夹带着冰冻双管齐下，气温骤降至零下20℃，就连海湾都快成了天然的溜冰场。

这还不算，那阵子它又把手伸到了我国西南的贵州云南等地，连续七八个月，从2009年9月到2010年的4月，一滴雨不见，最终天干地旱，百年不遇，庄稼绝收，饮水困难。那时得知这一情况，作为媒体人也心急如焚，我便带着我们《姑苏晚报》的几名记者，专程去与我们苏州有着友好合作的贵州安顺采访报道。到实地一看，感受更深。从安顺回苏后，我总是要和朋友们说个不完，你们要是去了安顺山区，就会知道苏州的自然条件有多好。因为我亲眼目睹了那里穷山恶水的现状，以致现在我一想起那地方，心里就闷闷的。

即便这样，这老天爷似乎还不依不饶，毫不手软，正当全国上下正要全力以赴支援贵州云南抗大旱之时，2010年4月14日，这老天爷又给我国西部青海玉树地区抖落了那么一下，好家伙，一个不大不小的地震，7.1级。由此，房屋倒塌，人员遭埋，死伤无数。也就在2013年4月20日，还是那个四川省，一个叫雅安芦山县的地方，又发生了7.0级地震。唉，不再提了。

退一万步讲，假如这些还多多少少有些偶然的话，那么我们再来瞧瞧洪涝情况。其实一说这我还真有点懒得去讲，甚至有点麻木了，因为这些年实在太频繁了，每到五六月份，就像早就安排好似的，在我国的南方西南，乃至西北地区，这洪涝都会不请自到，准时光临。不仅这般，而且似乎愈演愈烈，势如破竹，横行四方，难以阻挡。

过去这洪涝似乎还仅仅局限于大江大河、乡村僻野，可这些年竟连大中城市也不放过。仅从2008年到2010年三年的统计，一项对全国351个城市专项调研显示，有62%的城市发生过不同程度的内涝，内涝超过3次以上的城市有137个。就连北京、长沙、武汉、杭州等大城市也难逃一劫。其中损失最惨的是北京。就在2012年7月21日到22日两天时间里，北京城遭遇了自1951年有气象记录以来最凶猛、最持久，长达16小时的暴雨袭击。特大暴雨导致全市1.6万平方公里面积受灾，受灾人口190万，据统计经济损失近百亿元。

反正这样说吧，这些年整个中国，从北到南，从西到东，可以说，大灾大难三六九，小灾小难天天有。那气候也像得了流行感冒似的，总不正常，忽冷忽热，就连过去一直被誉为“四季如春”的昆明城，也变成了“春如四季”，一个季节里就经历了春夏秋冬的四大剧变。

看来不比不知道，比了全明了。苏州这地方，老天爷对她就是特别地厚爱，给她的不是阳光雨露，就是风调雨顺，至于那什么大灾什么大难，似乎与她不相干似的，看来真是一个不可多得的福地。

一说起苏州是个福地，我过去还总以为那是说说而已，有时甚至半信半疑。可后来我还真不得不信了，而且坚定不移了，为什么呢？因为有那么几次突发的自然灾害，给我留下的印象太深了，至今还历历在目。其实我说了大家还会记得起来，那就是有关台风的事儿。

刮台风本是一种自然现象，每到夏季这东南沿海一带总要来上那么好几回，只是程度不同而已。近十年来，这一带就遭受过两次特别厉害的台风，分别是2005年的“麦莎”和2012年的“海葵”。面对这样的遭遇，苏州又怎样呢？

2005年7月中旬，中央气象台在第一时间发布了强台风紧急预警预报，说是麦莎的超级强台风正从浙江温岭玉环登陆，基本路径是经过浙江临海市、嵊州市，北上杭州湾、嘉兴市，直逼苏州等地。换句话讲，苏州将遭受一次百年一遇的超级强台风。为此苏州市立即行动起来，市长亲自坐镇指挥协调。那时我在苏州广电工作，清楚地记得，那天晚上，我作为媒体负责人参加了全市防洪抗灾紧急动员会。

会场给我的一个明显感觉就是气氛很紧张，看架势这台风必来无疑，重创难免。然而，你说怪不怪，这台风就像是长了眼睛似的，眼看到了嘉兴，正要朝着苏州猛扑过来的时候，嗨，它竟然突然转向西略靠一点南，擦过湖州，直奔安徽山里去了。这真让严正以待的苏州，有点丈二和尚摸不着头脑，不知发生了什么，可谓是虚惊一场。

如果说那次“麦莎”离开苏州，是因天有不测风云而带有点偶然性的话，那么再来感受一下发生在2012年8月中上旬的“海葵”强风来袭的情景。这一回台风行进路线几乎与上回“麦莎”相同，只是登陆地点改在了浙江宁波三门湾北侧的象山县鹤浦镇沿海。不过，其强度倒是有过之而无不及。对此中央气象台发布了最高级别台风红色预警信号，预计受影响最严重的浙江中北部，还有上海、江苏南部、安徽东南部地区有大暴雨，局部特大暴雨。而且专家表示，这次台风对江苏，尤其是对苏州破坏力至少是最近10年来最严重的一次。看来这一回苏州真的要大祸临头在劫难逃了。然而，奇迹竟然再次出现了，这强台风在浙江境内肆无忌惮大打出手一路横扫过来，也许是用力过猛，到最后便逐渐减弱为热带风暴，又悄悄地转向西南，进入了安徽宣城宁国那里去了。再一次与苏州擦肩而过，有惊无险。

这样的事情，连续两次都绕开了苏州，你说这是为什么？为此，我曾请教过不少专家，还有风水先生。似乎都很难说清楚。其实还用得着去解释吗？天堂苏州，风水宝地，这就是最好的注解。苏州就是那么神奇，总能逢凶化吉，苏州就是那么福气，总能免除大灾大难。

当然，纵观苏州几千年的历史，固然其自然环境有着先天性的优越，但就这水而言，在相当的岁月里也时常困扰着广大民众的生产和生活。而苏州人的本事恰恰就在于后天，能够化不利为有益，化腐朽为神奇，也正是在一代代主政者和千千万万民众的共同努力下，靠着大家前赴后继，战天斗地，根治水患，便演奏出了一曲曲一首首因势利导、化水为宝的美好乐章。

要论治水，就不能不说到太湖。大家知道，太湖是苏州的母亲湖。关于太湖的形成，说法很多，有的说，上亿年前这里是一片汪洋大海，在历经了多次地壳运动后，逐渐是由海湾演变为潟湖，并又与海洋长期隔离而成淡水湖。现在你要有空闲，到太湖西山岛上的天下第九洞林屋山去兜兜，那山上至今还残留着上亿年前海洋时期的各种贝壳儿什么的。地质学上称这是“构造成湖说”。此外还有什么“洪水泛滥成湖说”、“火山喷爆成湖说”。近些年又有新观点，说太湖是由陨石撞击而成等等。不管这说那讲，反正就有了这太湖。

在古代太湖被称为震泽，又名笠泽或具区，是我国著名的第三大淡水湖。它的水主要来自西南的江苏宜溧山地和浙江天目山地，主要有荆溪和苕溪入湖。现在太湖总面积36000顷，约2400多平方公里，岸线全长近400公里，仅次于鄱阳湖和洞庭湖。我们习惯上所说的太湖流域，面积大约有36500平方公里，包括江苏南部的苏州、无锡、常州东部，浙江杭州湾以北的杭州、嘉兴、湖州以及上海全部。历史上太湖水域基本属苏州所辖，现在三分之二的水域都在苏州行政区域之内。太湖下游水系则全部在苏州境内。从1986年太湖三山岛考古发掘出土的石器综合来判断，这是旧石器时代晚期的遗存，也就是说早在一万多年前，已有我们的先民在这里从事生活生产。

那么苏州治水最突出要解决哪些问题呢？后人把它总结为三个方面：一是太湖下游水的排泄问题。否则遇上雨季，洪水一来就会泛滥成灾。这主要是由其特殊的地貌造成的。大家可能不知道，也没有感觉，其实太湖水位比周围的地势偏高，对四周而言，形象地说，就像是头上顶了个大大的水库。在平时倒也没啥情况，若要是碰上大水年份，下游的水道再不畅，那肯定要出危险。二是要解决农田的排涝和灌溉问题。三是交通问题。苏州是个水网地区，也正因如此，水路是否通畅便利更为重要，否则就会影响当地的生产商贸和生活。

大禹治水的历史传说已流传至今。早在远古时代，苏州就盛传尧、舜、禹治水的故事。苏州西南有座尧峰山，其由来就与历史传说相关。现在的太湖沿岸和岛屿上还有禹王庙，也充分说明了先民们对水的敬畏，当然还包括恐惧。

从现在掌握的资料表明，苏州的治水就是从那时开始的。据《史记·河渠书》记载，那年大禹到这里察看了灾情，经反复研究地貌后，便决定“通渠三江五湖”，即是从太湖向东开三条大河，排水入海。《书·禹贡》书上就有“三江既入，震泽底定”。就是说有了三条大河作为太湖下游排泄通道，其流域的水患就可以防止了。这三江即松江、娄江和东江。尽管历经几千年的改道演变，不过至今还在发挥作用。松江今称吴淞江。娄江今称浏河。东江又名上江，自太湖由吴江往南，经嘉兴、平湖入海。据传当时大禹治水历时多年，规模宏大，动用民工千万，指挥部就设在太湖西山岛上的天下第九洞里，至今还保留着石床石桌凳等等。

到了春秋时期，公元前506年，吴王阖闾为讨伐楚国，让伍子胥在今高淳东坝开凿胥溪，西经宜兴、溧阳、高淳，到安徽芜湖入长江，东与荆溪相连，入太湖，经胥江，直抵吴国都城，即现在的苏州古城，全长225公里。当年吴国水军就是从这里西进伐楚的。之所以叫“胥溪”，是因为由伍子胥负责开凿的。公元前495年，吴王夫差又开通了一条起自苏州，西经望亭，入无锡，至常州武进奔牛，通向长江，全长85公里。其中部分水段成为江南运河一部分。到了公元前486年，夫差又想讨伐齐国、晋国，称霸中原，便筑城于扬州，开凿了邗沟，北入淮河，南连长江，沟通了与中原的水上交通，全长150公里，后来成为京杭大运河一部分。

还有战国时期春申君黄歇，唐代苏州刺史白居易，北宋苏州知府范仲淹，明朝户部尚书夏原吉等人物，或是修塘筑坝，或是疏浚湖泊等等，都为治水做出了贡献。

不少学者还著书立说，总结前人经验，分析水患成因，提出治理方法。据不完全统计，自宋以来，有关太湖水利的著作就有上百种，这在全国的地区性水利著作中是少有的。

比如单锷的《吴中水利书》，姚文灏的《浙西水利书》，归有光的《三吴水利录》，张内蕴、周大韶的《三吴水考》，张国维的《吴中水利全书》等，都是中国水利史上的传世名著。

唐代元和年间，时任苏州刺史王仲舒，为在通往吴江的澹台湖上修筑路桥，专门捐出了一直系在自己身上的一条价值连城的玉带，以筹措资金，建成了一座既方便行走，又利于湖水畅通的53孔宝带桥，这也是我国古代著名的水利工程。至今已成为苏州运河景观上少有的国宝级文物。

1949年后，苏州又开浚了望虞河，将太湖与长江连通。接着又疏通了太浦河，将太湖与黄浦江沟通，使太湖水的下泄更加流畅。

这水治理好了，对苏州来讲，便是一大福音，既消除了隐患，减少了后顾之忧，也为更好地发展创造了有利条件。

我们说苏州是福地，还在于她有着独特秀美的自然风光，这风光既有湖光山色，又有梦里水乡，可谓两全其美。

先来看看太湖湖畔的山水。这里没有连绵起伏的崇山峻岭，也没有异峰突起的神奇。这里的山丘大多只有一两百米高，最高的穹窿山也只有341.7米。然而这倒验证了一句古话：山不在高，有仙则名。要知道自古以来，这东山、西山、光福、木渎、藏书等地，还有穹窿山、灵岩山、天平山、上方山、玄墓山等，都是文人墨客黎民百姓喜爱的游览胜地。

这些地方究竟有多大的魅力？这样跟你说吧，反正连皇帝老子都要慕名而来。据传东山这一带，早在春秋时期，就是一个树木茂盛鸟语花香的地方。吴王阖闾便在这儿开辟了娱乐休闲的打猎场。西山石公山的消夏湾，因依山傍水，水天一色，也是吴王夫差和西施避暑赏月的最佳处，年年驾临。光福，一听它的名字，就知道这是一个有福之地，康熙、乾隆皇帝每每来江南总忘不了它。尤其是那片梅花，早已成了他俩的最爱。据记载，康熙先后三次，乾隆先后六次前来探梅。特别是那乾隆，雅兴一来，御笔一挥，“香雪海”几个墨宝，便让这里成为中国赏梅圣境。以至每年到这个时节，人们都会成群结队地来这里踏雪闻香品梅。这也时常让人不免要勾起对宋代林和靖他那“梅妻鹤子”的美好记忆。

要问苏州的自然人文景观有多少？我问了一些业内人士，也说不太清。只是他们告诉我，就太湖这一带据不完全统计，有点名头的至少有100多处。如果把那些榜上无名的统统算上，少说也要有200多个，让你看都看不过来。难怪这些年也越来越受到电影电视导演们的青睐，成为中国不可多得的拍摄基地，一切都是自然现成的，无需人为造景。近些年就有100多部电影电视在这里取景拍摄。比如大家熟悉的就有《红粉》、《摇啊摇，摇到外婆桥》、《橘子红了》、《小城之春》等等。

大家都有一个感觉，如今在工业革命快速发展的时候，人们愈发向往大自然的真山真水。这一点苏州人也是很有缘分的，这太湖一带几乎还是原生态的青山绿水，它成了调节自然的天然大氧吧。对此，我很有感触。就在前几年的一个冬天，我出差乘高铁去北京。火车一过黄河，窗外的景象就开始暗淡起来，田野里山坡上尽是光秃秃的，很少见到一些绿色植物。火车越往北开，野外的情景似乎更糟。即便到了北京，当我站在入住的宾馆22楼，心情也好不起来。极目之处，也许是天寒地冻的缘故，几乎见不到一点绿色的影子。而想想我们的江南，我们的苏州，此时虽说也是隆冬，但不管是城里还是城外，那绿油油的树木到处可见，而且大多是成行，成块，成片，好像这里没有冬天。

也许正是为了领略苏州这冬季大自然的春色，过后的一个春节里，我利用假日和几位朋友来到苏州东山。还没容我们四处走走看看，我便被到达的第一站，雕花楼园子里的景色深深吸引住了：尽管那里的荷花池，已被定格成一幅极富有写意的冬日枯荷图，可那一簇簇花团锦簇的山茶树，一棵棵墨绿绿的桂花树，一枝枝绽放着花蕾的枇杷树，一丛丛摇曳着的湘妃竹，还有那遮天蔽日的香樟树，以及那山墙上爬满的常春藤，早已化作一片片春晕，抹上了我的心头。此时我便想，难怪这雕花楼还有一个雅名叫“春在楼”，这里面的含义大概就在这里。在我看来，这更是大自然给天堂苏州深深特有的厚爱。

由此，我时常要对朋友们说，你们别老是羡慕外国如何如何，你去欧洲旅游所见到的原生态景色，在我们苏州的城乡大地，特别是在东西山还有光福木渎一带也是应有尽有，所不同的，人家是红顶瓦房，我们则是粉墙黛瓦。况且，如今老外也越来越喜欢苏州这些地方。

再来看看这久负盛名的江南水乡。过去我们的乡村，到处是一派充满水乡风情的田园风光，尤其到了夏天，大地就是一片绿色的海洋，或是稻穗卷起千层浪，或是荷花满塘绿汪汪。大家可能还有印象，二十多年前，就在现在苏州古城东面的工业园区金鸡湖一带，原来种植的都是大片大片水生作物，什么茭白、茨菰、荸荠什么的，特别是那茭白叶生长得很高，被微风一吹，再被阳光那么一照，那种视听的感觉就别提有多美了。我记得，有好几次我还一个人骑着自行车，专程跑到那里，穿梭在茭白田里，为的就是感受江南水乡田野里那特有的韵味。当然这样的美景现在没有了，只能留在记忆中了。

也正因为苏州这里自然条件优越，风调雨顺，温和湿润，因而物产也相当丰富。“月月有花，季季有果，天天有鱼虾”便是她的真实写照。就以农产品看，主要出产水稻、小麦、油菜籽。早在明朝，苏州已成为全国最发达的农业地区。在好的年份，亩产可达米三石，麦一石二斗，相当于现在的亩产870市斤。就是一般年份，亩产也要米二石，麦七斗，约合亩产为现在的560市斤。那时国家的收入主要以田粮统计。洪武二年（1369），苏州秋粮获得好收成，共上交国库274万石，占了全国总额的11%。这是什么概念？这样说吧，她在全国地位超过了当年四川、广东、广西、云南四个省之总和。如果说这是个别年份，那再看看平常年份。万历年间，全国每年征得粮食为2663万石，而苏州一府所交粮食就为209.1万石，占7.85%。

这里水产品也很诱人。光鱼类就有鲫鱼、塘鳢鱼、鲢鱼、鳜鱼、青鱼、草鱼、鳊鱼等20多种，还有虾类、蚌类、蟹类。名气最响的就属如今家喻户晓、名声在外的阳澄湖大闸蟹。一提起就让人直流口水，要不国学大师章太炎的夫人汤国梨，就不会这样诗兴大发："不是阳澄湖蟹好，此生何必住苏州。"还有那太湖"三白"，银鱼、白虾、白鱼，味道极其鲜美。有人还曾作过专门研究，说苏州人之所以聪明，就是他们从小鱼虾吃得多的缘故。这是否有科学道理，我没做过调查，但有一点是可以肯定的，这水产品味道鲜美，营养价值高，人人都喜欢吃。这水产品中，还有苏州本地特有的水生作物，号称"水八仙"，如莲藕、茭白、茨菰、菱角、芡实、荸荠、水芹、莼菜等都是苏州人餐桌上的美味佳肴。苏州的好山好水好土地，好到什么程度？有人就这样形容过，不要说是种庄稼，就是随便插上一根竹竿在地里，来年保证生根发芽。这说得也许玄乎了点，但足以说明这里的自然条件特别好，是一个十分适合人们生活的地方。

还是因为苏州这个地方好，再加上人们的勤劳智慧，以至多少年来苏州愈发富庶，而且经久不衰，延绵千年。

早在秦汉时代，苏州已是东南重要城市，《史记》称她为"江东第一大都会"。苏州可谓：万商云集，高朋满座，百货充溢，市肆鳞比。

到了唐朝，随着全国经济重心从中原转到了江南，苏州便是江南地区唯一的雄州。就连以往曾在杭州当过刺史后来又到苏州任刺史的白居易大诗人，面对苏州迅猛发展，也不能不为之折服。有一次他登上当时苏州的齐云楼遥望全城景色时，不由感慨万千，诗兴大发。其中有两句是这样说的："人稠过扬府，坊闹半长安。"大家听听，这就是白居易对苏州繁华的真切感受，而且说得最清楚不过了，苏州在当时已超过了最繁荣的扬州，也能抵得上半个长安都市了。

白居易在另一首诗《登阊门闲望》中，又是这样表达的：

阊门四望郁苍苍，始知州雄土俗强。

十万夫家供课税，五千子弟守封疆。
阊阊城碧铺秋草，乌鹊桥红带夕阳。
处处楼前飘管吹，家家门外泊舟航。
云埋虎寺山藏色，月耀娃宫水放光。
曾赏钱塘嫌茂苑，今来未敢苦夸张。

这诗的前面十句主要说的是对苏州的所见所闻，到处呈现一派经贸昌盛、水城清丽、人文深厚的迷人景象。而到了最后两句，便做了自我反省。这里的“钱塘”指的就是白居易以前工作过的杭州，茂苑就是从春秋时代就那么被称道的苏州。这里的意思就是说，我过去一直以为杭州要比苏州强，甚至还有点小看苏州，可如今到苏州实地一看，恐怕根本不是那么一回事。今天我要收回自己过去的看法，再也不信口开河瞎说一通了。最终他还得出了这样的结论：“当今国用，多出江南。江南诸州，苏最为大。”苏州那时已经不得了了。

到了南宋初，在范成大所撰的《吴郡志》中便有了这样的记载：“天上天堂，地下苏杭。”后来大概是为了读起来顺嘴，逐渐演变为流传至今的“上有天堂，下有苏杭”。还有像“苏湖熟，天下足”等等。可见苏州这地方不是一般的富裕。也难怪到了元朝，有个意大利人叫马可·波罗，说起来他周游世界也是见多识广了，什么好的地方没去过。可当他到了苏州，转了那么几圈，竟然不由自主地发出了这样的惊叹：“苏州城漂亮得惊人。”

明朝的苏州就更了不得了，单城市规模，人口已经超过了50万，而到了清代后期，苏州人口已达百万，就当时来看已成为世界上最大的城市之一。按1843年人口规模排列，依次有北京、苏州、广州、武汉、杭州、成都等等。

大家可能不知道，历史上苏州管辖的范围比现在大得多，包括上海的淞江等地。还有江苏省这省名也是由江宁府和苏州府组合起来的。苏州自明嘉靖（1522）至清末还一度做过省会所在地。说白了这恐怕也都是因苏州府一直很强势而所致。这多少有点财大气粗的样子。实力明摆在那儿，上面也得要充分肯定肯定。再来看这苏州“苏”字的繁写“蘇”，上面是一个草字头，左下方是“鱼”字，右下方是一个“禾”字，这更形象地说明，苏州这地方，自古就是一个草木兴旺、鱼米丰盛的富饶之地。

说到苏州的富，有一个人不能不提。这个人大家都知道，就是明朝初年苏州昆山人氏沈万三。那年月“江南第一富”指的就是他。至于他是靠什么发家的，说法很多，民间还有不少传说。

史学家们普遍的看法，主要有三个原因：

一是靠围垦荒地种好田；二是靠发放高利贷挣黑钱；三是靠通商搞海外贸易挣洋钱，就像如今搞出口贸易。那时周庄水路四通八达，他便充分利用这一优势，并抓住政府开放私人对外贸易的契机，把周庄作为商品贸易的集散地，又借助东江西接京杭大运河东入浏河的便利，把江南水乡一带的丝绸粮食和手工业品等运向海外。因为他抢到了先机，在别人还没明白怎么一回事时，他便捞进了大把大把的银子。这第一桶金捞足了，接下来的发财就更快。火借风势，风助火威，只见钱财滚滚而来，挡也挡不住。

那么，沈万三他最后富到什么程度呢？这样说吧，据史书记载，沈万三在最富的时候，其购置的田地竟占苏州府三分之二之多。好家伙，这在今天就要列入“福布斯排行榜”第一了。当然这钱财多了也不一定是好事，何况沈万三还挺张扬，竟然还出资帮着皇帝朱元璋去建造南京城墙。到后来他还真以为有钱能使鬼推磨，有了钱就是爷了，胸脯一拍，竟然要用金钱去犒赏建造城墙的兄弟们。

这还了得，简直就是犯上作乱。在皇帝眼里，你算个什么东西，让你出点钱建城墙，那是瞧得起你，现在你倒好，要摆阔，笼络人心了，真不知道自己是干什么的了，给我拉出去砍了。最终这头当然没搬家，只是被充军到了云南，不久便客死他乡。当然这结局和发富没什么必然的内在联系，但毕竟是由富引起的，在此就不去多说了。

大家知道，一个地方好了，出了名，总会赢得四方客人前来游览、休闲，有的甚至来定居安家。这苏州众多的园林花园就是最好的说明。其实，这不仅现在，过去也是这样，不管有钱没钱的，都要来“潇洒走一回”，那些天皇老子皇亲国戚就更不用说了。

这方面人们听得最多的恐怕还是那两个皇帝，康熙和乾隆。他们俩不仅都兴师动众浩浩荡荡地来过，而且频率很高，都曾先后六次下过江南来到苏州。

当然他们绝不会说是来游山玩水、吃喝玩乐的，总会美其名说是来江南检查指导工作的。其实这也多此一举。要我说，这天下的江山都是皇上的，这神州大地哪里不是他的家，他真是要到你那里去巡视一圈，那感情是那个地方的福分到了，烧高香了。恐怕让人还求之不得呢。

“六度南巡止，他年梦寐游。”这就是乾隆第六次南巡写下的诗句。看来这皇上很是依依不舍这六次到江南的日日夜夜的，连做梦都无时无刻不心系江南。其实大家也要理解，皇上说起来是天子，但毕竟也是有血有肉的，这不能怪他，要真怪大概也只能怪这苏州，太让人梦绕魂牵了。

据说那些年乾隆是很想一直留在江南的，尤其像苏州这样的地方。前些年有首流行歌曲唱得好：“其实不想走，其实我想留。”这也许唱出了皇上当年南巡时的心境。可他毕竟是一国之君，朝廷里总有那么多的国家大事等着他去定夺，去处置，他毕竟不是一个无官一身轻的小老百姓。那可怎么办呢？

现在看来，那时要是发明了照相机或是摄像机什么的，那该多好。虽不能长留苏州，享受天堂之美，但要把这里的一切拍摄下来带回宫里，等闲着的时候可随时拿出来浏览一番，如临其境。当然那时是无法做到的。不过古人也绝非是等闲之辈，他们有的是无尽之智慧和深厚的文化积淀。皇上所想要的，就是他们要去努力实现的。办法自然会有的，那就是通过画家神来之笔，按照皇上的要求，把苏州的繁华美景，用绘画的形式把她记录和展现出来。

于是乾隆就请来画家专门做这件事，这画技就不用操心了，肯定是一流的。这个画家叫徐扬，苏州本地人。大家晓得，乾隆皇上有个特点，平时就喜欢舞文弄墨，到了外出巡视什么的，就更闲不住了，总要留点笔墨下来，或是赋诗，或是题词。据史载，他一辈子共写下千余首诗，在各地留下墨宝无数。如今在全国各地都能见到。

凭心而论，乾隆皇帝算得上是个名副其实的文化人和诗人。也许为了弘扬传统文化，也许为了彰显个人的人格魅力，他所到之处总喜欢找来当地书画名家开开座谈会，听听他们的高见。兴致来时还要润润笔墨，对对诗句，也从中发现和挖掘出一些书画等方面的人才。这徐扬就是其中的一个，就是乾隆第一次南巡时发现的。

这对乾隆来讲如获至宝，并立即带回宫中。从此，乾隆只要到江南巡视，都要把他带上。

徐扬一生所画的画不知其数，最出名的就是大家比较熟悉的，也就是根据他跟随皇帝下江南所见所闻所创作的《盛世滋生图》，完成于乾隆二十四年也就是1759年，也叫《姑苏繁华图》。后人总把它与张择端的大作《清明上河图》媲美。言下之意，似乎不输于他。那它的价值在哪儿呢？

这最主要的是它通过艺术的手法，比较真实地记录了当时社会经济生活和风土人情的风貌。在这幅长达12.25米，宽0.358米的画卷上，作者充分运用了我国传统绘画的长卷形式和散点透视技法，以太湖和苏州城西山脉为依托，由西而东向北，重点描绘了一村（山前村）、一镇（木渎镇）、一城（苏州城）、一街（山塘街）的景象。长卷上各种人物接踵摩肩，熙熙攘攘，据粗略统计大约有12000人。河上运粮船、货船、客船、木筏、竹筏，船帆如云，篙动橹摇，共计400余条。街面商店林立，市招繁多，共计230余家。生动形象地反映了250多年前苏州盛世下的繁华情景。据史载，这画基本是写实的，与其他文献资料十分吻合。

这里我要重点说一下自古就有名的山塘街。过去有一首很好听的歌叫《大九连环》，歌词是这样唱道："上有天堂，下有苏杭。杭州有西湖，苏州有山塘。"把山塘与西湖相提并论，可见山塘街在历史上就名声在外了。那么山塘街为什么会那么出名呢？它又具有怎样的吸引力呢？依我看最主要有三条：

这条街出自名人之手。它就是由唐代著名诗人白居易在公元825年任苏州刺史时亲自打造的一项实事工程。大家知道，在这之前，他在杭州任职时就在西湖上筑过一条白堤，至今已成为有名的景点。

史载白居易这个人在工作之余挺喜欢游山玩水，苏州的山山水水几乎都被他跑遍了，虎丘山就是他最喜欢去的地方。那时只有一条水路，可由于地势偏低，经常受涝。于是，在大量实地调查研究后，他便有了一个两全其美的办法，一方面疏浚开通一条从城西阊门至"吴中第一名胜"虎丘的河，一方面用开挖出的泥土筑一条路直通虎丘。这一来还真不错，既解决了水患，又解决了去虎丘的水陆交通问题，大得人心。

白居易在苏州当刺史只有一年多时间，后因眼睛出问题加上跌伤，怕影响工作，便毅然辞职回老家。苏州人是知恩的，舍不得他走，便自发地为他送行，不少人还随船送到十里之外。山塘街全长大约七里，所以民间总称它为“七里山塘”。山塘街傍河而筑，过去是条麻石街，后来改成了石板路，反正是很上档次的。所以早就有一种赞美“天下最美街，雨后着花鞋”，说的就是山塘街。

这条街处在苏州过去最繁华圈。请注意山塘一头与虎丘相连，一头与阊门相接。这阊门是什么地方？其实说了大家都知道，就是曹雪芹在《红楼梦》里说的“最是红尘中一二等富贵风流之地”。

《吴地记》一书中还有这样的记载：说是早在春秋战国时期，某一天孔老夫子登上泰山，忽然望见远方吴国阊门的城楼上白马如练，也就是看到阊门城头上人声鼎沸，彩旗飘舞，热闹非凡。显而易见，这大概是在作文学夸张描写，则是想象罢了。不过倒也说明当时吴国阊门早已名震四方了。

如果这样说还有点云里雾里比较虚，那下面就来些看得见摸得着的。水运这是古代人们出行的一种重要方式，也是用于加快一个地区发展的有效途径。这样的机遇早被苏州抓住了，阊门作为门户，更是首先受益。隋大业六年（610）京杭大运河南段拓竣，大运河经过苏州城西，阊门既是必经之路，又是唯一码头，从此这里便成了商贸的最大集散地。这是一幅怎样的动人景象呢？古书上是这样描绘的：“阊门内外，居货山积，行人流水，列肆招牌，灿若云锦。”具体来讲最主要反映在三个地方。

一是南濠街。这里整条街都是商店，从阊门吊桥到胥门万年桥。因为这儿是水路要冲地带，所以，一方面南来北往的货物商品都云集这里，一方面本地的产品也从这里通向全国各地乃至海外。这情景就像如今义乌小商品市场和常熟招商城那样，整天人来货往忙个不停。与此同时，从明清开始，由于商货发展之需，各种会馆会所也大量涌现。据说当时除京城外，这里的会馆、会所最多，苏州堪称全国之冠，总数分别达到50和149个。在阊门一带约占苏州全城一半，南濠街更为集中。这些会馆、会所，大致可分为行业的，或地区性的。比如有金华会馆、钱江会馆、汀州会馆、新安会馆、人参会馆、浙南会所、玉业会所、宝珠会所、典业会所、药业会所等等。这也就是事物发展的集聚效应，大流通大集散，必然带来一个地方的大发展大繁华，反之则相反。

二是上、下塘街。这儿主要是苏州布匹交易集中区。不仅是布匹最大的吞吐口岸，还是深加工的场地。据记载阊门内外从事这行业的工人就达2万之多。到后来这里不仅加工棉布，还有苏州有名的丝织绸缎。

三是枫桥。也就是那些年被一首《涛声依旧》流行歌曲，唱得全世界都知道的寒山寺旁的枫桥。其实过去这里最出名的倒是全国最大的粮食交易市场。它的影响大到什么程度？有资料表明雍正十二年（1734）由川鄂湘来苏州枫桥再转调浙、沪等地的米达1000万石，约占当时全国远距离运销商品粮数的三分之一。由此可看出苏州阊门枫桥米市在全国的分量。因此那时苏州米市的行情就成了全国的风向标。从一定意义上讲，它具有米市的定价权，从而影响到全国各地。当时这里还创新了一种“枫斗”，就是用在米市上的一种专用衡量器，后来也成了全国的标准粮斗。明成化年间，枫桥与河南朱仙、广东佛山、湖北汉口并列号称全国四大米镇，枫桥因米市更享有盛誉而独占鳌头。

这条街还有着自身的特色。这特色是什么？这山塘一带是苏州商贸最云集之地，自然也是人员最密集之处，而这人忙碌了一天总要好好休息休息放松放松，包括游览休闲吃饭喝茶娱乐什么的。到哪儿去呢？喏，这山塘街便是最理想的场所。这又为什么呢？这好像早就与经贸繁忙配套好似的，这里自有着绝佳的美景美味和美色，大概也是人生享受的好地方。看来这白居易先生当年还真不愧是有文化的大诗人，特别有品位，十分注重诗意生活，以至在把山塘街作为实事工程来办的同时还考虑到了环境的美化。你看，在这七里山塘河上，不仅在堤岸上栽种了桃树，还在水旁植了荷花，再加上临河人家，粉墙黛瓦，错落有致，当船行走在山塘河里，或是人们行走在山塘街上，目睹着两旁的风景，那种感觉就别提多OK了。还有，据史书上记载，这里不仅白天满街的酒店高朋满座，到了夜晚，更是灯笼高挂，酒幌摇曳。要是你站在山塘河的广济桥上，无论是朝东瞧，还是朝西看，满河尽是阑珊灯火，流光溢彩。当然过去这里最诱人的要算山塘河上的画舫船了。这种画舫通常装饰比较华丽，可以在上面点茶饮酒赏景。显然这“醉翁之意不在酒”，关键还在于它有佳人相伴。

这不能不让人想起那时曾在这里留下美名的“真娘”。至今人们来到虎丘山试剑石她的墓碑前，仿佛还能感受到香魂不断，想当年白居易、李商隐、吴文英等还专门为真娘墓题了不少诗，可以说它完全可与杭州西湖的苏小小墓媲美。

还有那个“秦淮八艳”之一的董小宛。她为了表达与当时大名士冒辟疆爱情的专一，毅然离开了秦淮河，来到苏州山塘街。还买下房子安顿下来，只为冒辟疆用花轿子来抬她。后来冒家衰败，辟疆病重，可她依然不离不弃，竭尽伺候，“生是冒家人，死是冒家鬼”。从此她的美名传遍大江南北，不知多少文人墨客颂她写她，为她立传。无愧是“古今第一妾”。

再回过头来说绘画。当然，绘画终究则是绘画。即便你有超凡的技法，恐怕也会受其绘画技能本身的限制，不能像如今的高科技照相机、摄像机那样，能把所有的景象真实客观全面地多视角地记录下来，总会留下无法弥补的遗憾。这大概也是所有艺术的遗憾。

这也难怪，明朝时一直自认为“江南第一才子”的大画家唐伯虎，一方面不得不为苏州而赞叹叫绝：“世间乐土是吴中，中有阊门更擅雄。翠袖三千楼上下，黄金百万水西东。五更市贾何曾绝，四远方言总不同。”而另一方面，最终也不得不发出无奈的感叹和自嘲：“若使画师描作画，画师应道画难工。”由此看来，这绘画的技艺最好也不是万能的。

最后还得补上一句，苏州这地方，自古以来固然就有着一个良好的自然环境，但这并不是等于说，有了这一切，苏州就自然而然地变成了天堂了。要知道，天上掉不下馅饼，客观自然条件只为天堂奠定了一个好的基础，而最终天堂的美好，都离不开世世代代苏州人的奋发努力，一句话都是要靠勤劳智慧、脚踏实地地干出来的。事实也是这样。唯有如此，天堂苏州才会愈来愈美好。

第二讲

悠久历史始春秋　称霸一时曾风流

苏州有过怎样的历史与血脉？她源于何时，老祖宗是谁？都说史上苏州曾有过惊鸿一瞥，那又是一段怎样的辉煌与悲壮？乃至穿越时空，人们是否还能听到从远古传来的铮铮回响？

悠久历史始春秋 称霸一时曾风流

如今讲起一个地方，人们总不免要提及她的历史。我想这很正常，这倒不是因为历史如何了又能怎样。人们之所以执着地寻根，寻找那曾经的过去，大概人们能从那里看出一些道道来，或许她还会给我们的今天或明天有所借鉴或启示。

都说水有源树有根，那么苏州的历史状况又如何呢？不瞒大家讲，一提到她，我就特别兴奋，特别来劲，因为在我看来，苏州的历史非同寻常，在那遥远的时空，曾划出过一道壮观无比的彩虹。可以这样说，如果没有了这一笔浓墨重彩，这天堂就会黯然失色，这天堂至今恐怕也不会那么灿烂。由此，我要说，苏州的历史是深邃的，又是充满传奇耐人寻味的。曾令无数史学家苦苦追寻，似乎总在寻找着什么。

于是，当今我们不能不思考这样一些问题，天堂苏州曾有过怎样的历史和血脉？她源于何时？老祖宗是谁？都说苏州曾有过惊鸿一瞥，那又是一段怎样的辉煌与悲壮？乃至透过这段历史，我们还看到了什么？她给以后的苏州究竟又留下了怎样的宝贵财富？以及带来了多大的影响？

下面就让我们一起走进这历史的隧道，做一次亲身的寻访和体验。

记得有位史学家曾作过这样一次有关“假如”的自问自答。中国历史上哪一个时代最不可缺失？春秋。为什么呢？

假如没有春秋，你可能不知道自己姓什么，因为中国一半以上的姓氏都是在春秋形成的。假如没有春秋，我们就不知道几千年来该读什么书，因为孔子来自春秋。假如没有春秋，我们也不知道法治是什么，因为法家始祖管子是春秋人。假如没有春秋，我们写东西就不会那么生动、简洁，因为一半以上的成语、典故出自春秋故事。比如励精图治、晨钟暮鼓、卧薪尝胆等等。假如没有春秋，我们恐怕不知怎样打胜仗，因为《孙子兵法》的作者孙武就是春秋人……还有说不完的假如。

再往大里处讲，甚至没有春秋，就没有中华文明。

说到这里，有人大概要纳闷了：你怎么老是喜欢说春秋，春秋，这春秋与天堂苏州有关吗?

不着急，我说几个关键词你就知道了。“吴王阖闾”、“越王勾践”、“伍子胥造大城”、“干将莫邪”、“专诸刺王僚”、“美女西施”……不用说下去了，大家肯定有点感觉了，这春秋与苏州不仅相关，而且非同一般，关系大着呢。

我们继续按照那位史学家的思路往下演绎，是否还可以这么说，假如没有春秋，天堂苏州的历史就要被改写；假如没有春秋，真不知天堂苏州今天会是怎样。

当然，世界上是没有假如的。历史就是历史，有了推不掉，没有也不会再来。

不过“假如”也是有用的，它可以为后来人引以反思和提醒。在此不作探讨。那我们就来说说那没有假如的曾经的历史吧。

了解一点中国历史的都知道，春秋那是一个非同寻常的时代，春秋是一个群魔乱舞的时代，春秋也是一个风起云涌的时代。时间大约在公元前770年至公元前476年前后，历时300年左右。

对那个时期，大致可作这样的概括和描述：社会动荡，礼崩乐坏，天下大乱；诸侯列国，弱肉强食，各霸一方。那场景多少会令人联想到我们在电影电视里常常见到的画面：一片战火纷飞，四处硝烟弥漫，还有那横刀立马，厮杀声声，尸首满地，血流成河……据史书统计，整个春秋期间，各类大小战争达到480多起，被杀的国君有36人，被灭国家竟达52个。

那时候，苏州这一带还很荒凉落后，在中原诸侯国眼里，就是一个“蛮夷”之地。多少年来，几乎没有发出什么响声，好像有她没她都一样。

然而，直到公元前585年，有个叫寿梦的人士，自从当上了吴国君王，这一切从此改变。

这寿梦是个什么角色？他就是太伯（也作泰伯）的后裔第十九代传人。

那太伯又是谁？大家大概都听说过历史上曾经流传过的“太伯奔吴”的故事吧。要讲起来那可是我们苏州人嫡嫡呱呱的老祖宗呢。

大约在寿梦前的五百多年，也就是殷商末年，有一队人马，千里迢迢地从中原今陕西那地方，来到了太湖之滨江南。据说他们先是来到了太湖北岸的无锡梅里这一带。这领头的就是太伯和仲雍。要知道，他俩的来路可不一般。这样说吧，他俩血管里流淌着周王室周天子的血液，其父就是后来被追封为周太王的古公亶父。

据《史记·周本纪》上记载，他俩之所以南下，全是为了礼让天下。说是古公亶父有三个儿子，长子太伯，次子仲雍，三儿子季历。老三的儿子叫姬昌。这小子既聪明又能干，一看就是个当王的料。所以古公亶父从小就打心眼里偏爱这孙子，并常常直言不讳地对人说：“昌当兴吾业。”这意思也再明白不过了，他想直接传位给季历，到时再顺理成章地由姬昌接位。太伯仲雍一看这情况，懂了。俗话说得好，退后一步自然宽。既然父亲早有这个安排，兄弟俩一合计，干脆主动让贤。为了表示真心实意，就借故上山采药，远走高飞，直奔千里之外的江南来了。

这件事在中国历史上产生了不小影响，尤其是那个孔子，他一生推崇周礼，对太伯仲雍的这种谦让之举大加赞赏，他说，太伯的品德真是至高无上，他连天下都能谦让，我们简直都找不到合适的语言来称颂他。而此后从东汉为太伯修建庙开始，历代帝王接二连三地表彰和祭祀太伯。宋哲宗封太伯为“至德侯”，宋徽宗封太伯为“让王”，清代的康熙皇帝御书匾额“至德无名”，乾隆皇帝题了“三让高踪”的牌匾。一句话，都来宣扬太伯的谦让精神，并号召大家向他学习。

兄弟俩刚来那阵子，多少有点不习惯，一方面因地理位置不同，由黄土高坡来到水乡泽国，总有点水土不服。另一方面，风土人情也有很大差异。包括待人接物文化礼仪等等。但史书上讲，他们既来之则安之，开弓没有回头箭，而且扎下根来再也不走了。于是，他们入乡随俗，与当地的土著居民打成一片，很快就适应了水乡生活。最能说明问题的是他们学会了当地的习俗“文身断发”。形象地比喻，有点类似现在的一些年轻人，在身上刺上鱼龙图案等花纹，还剪去了过去一直蓄留着的长发。当地人之所以这样做，原因是江南自古多水，他们祈求神灵保佑，不受水族伤害。其实，这在当地也是一种时尚的标志，并象征着一种勇猛、彪悍、吉祥，乃至神圣不可侵犯。

不仅如此，他们还把中原的文化以及先进的生产方式传授给当地的民众。这样一回生两回熟，他们很快便有了立足之地。后来随着不断的发展，威望的提高，他们受到了大家的拥护，先是被推选为酋长，后来又建立了“勾吴国”，也就是后来大家所熟悉的吴国。

太伯无后，吴国王位就传给了弟弟仲雍。再传位到寿梦已是第十九世了。据《史记·吴太伯世家》记载，大致情况是：太伯→仲雍→季简→叔达→周章→熊遂→柯相→彊鸠夷→馀桥疑吾→柯卢→周繇→屈羽→夷吾→禽处→转→颇高→句卑→去齐→寿梦。

而这过程中，吴国王位传到周章时，正逢当年中原老祖宗古公亶父的曾孙，也就是他一直看好的姬昌，其子姬发，一举击败商纣王，推翻了商朝，取而代之的便是西周王朝，姬发也成了开国君王周武王。

周武王是个明白人，他深深知道，这天下有今天不能全归功自己，主要还仰仗先辈打下的坚实基础。于是他立即追尊曾祖父古公亶父为周太王，父亲姬昌为周文王，并寻找南奔江南的太伯仲雍后裔。当他得知周章已当上了吴国君主，很是高兴，还加封其为诸侯。

而那时，寿梦和他儿子诸樊他们，大概已从太湖北岸无锡来到了太湖东岸苏州。从史籍和近几年的考古发现看，很有可能先落脚在如今木渎这一带。这寿梦可不是个等闲之辈，你一看他的名字就略知一二。其实他原来的名字叫“乘”，“寿梦”是他的王号，也是他后来自己取的。他之所以这样改名，想必是有深刻含义的。据专家考证，在古时候它的意思是长久牢固的渔网。即便今天来看，这个带有鱼腥味的王号依旧充满了野心。换句话讲，他是一位胸怀大志、深谋远虑的君王。当时吴国还是楚国的附属国，在人家屋檐下过日子总不是滋味，时常要看人家的脸色行事，寿梦当然不乐意。他总觉得自己的地位与其同脉相连的周王室血统太不相符。因此，他总梦想着如何改变自己吴国在众诸侯国心目中的形象，他要在中原的政治舞台上夺回他应有的地位。

那么，寿梦上台后，是怎样去开创新局面，实现他的梦想的呢？整体上看，他最主要的是做了两件事：

一是拜见周天子。尽管那时周王室的周天子仅仅是个摆设，各路诸侯为夺取霸权，各行其事，无法无天，但周王朝的礼仪规矩还是要讲的。显然，寿梦不是糊涂人，他知道自己想成就一番大事业，不管如何，首先要得到周王室中央朝廷的认可和大力支持，免得今后遇上什么事显得被动。所以他上任不久，就去洛阳向周简王恭恭敬敬地汇报了工作，还作了很多交流和解释。这种沟通事实上是很重要的。自西周中期后，由于吴国远离中原，与周王室联系甚少，难免有点疏远。这一去情况就大不一样，一方面增进了相互了解，加深了感情；另一方面，也让周天子对吴国留下了很深的印象。

二是出国考察。这非同小可，就像我们三十多年前打开国门对外开放那样，由寿梦亲自带队，专程到周边的楚国、鲁国等诸侯国，进行一番实地参观学习。这国门一出，他算是大开眼界，长了见识。原来外面的世界好精彩，尤其是中原的“礼乐”文化，让他耳目一新，十分佩服。这所谓的“礼”，就是当时一个国家社会各阶层思想行为的一种基本准则。说得明白一点，就是该怎么做，和不该怎么做，都有明确的规定。这让寿梦明显感到，自己吴国与中原诸侯国在许多方面确实存在着不小差距。

很显然寿梦这次出访的目的是相当明确的，就是去取经的，一切为了吴国的崛起和振兴，而且也确实受到不少启发，可以好好地借鉴和运用。不过，也就是在这次出访中，一个似乎与“礼乐”完全背道而驰的现实，竟然也让寿梦得到了某种意外的领悟。

他来到楚国时，正是楚国和晋国开战之际。先是楚国攻打郑国，晋国便来帮助郑国。而晋国攻伐蔡国时，楚国又去相救，而且双方打得不可开交，谁都振振有词，毫不示弱。还有那个鲁国，说起来是个堂堂正正的“礼仪之邦”，可做起事来又是一副面孔，仗着自己的实力，硬是把身边的几个小国纳入了自己名下。

这世道怎么啦！目睹着这情景，寿梦直发懵，这说的和做的相差为什么就那么大呢？他百思不得其解，只能仰天长叹：唉，周礼啊，周礼……他似乎无言可对。不过细心的人们可能嗅到了，这后面肯定是有潜台词的，只是没说出来罢了。

关于这一点，史书上找不到片言只语。但这倒给后人留下了许多想象的空间。有人对寿梦就曾作过这样的研究，他透过这所谓“礼乐”的表象，似乎看到了当下国家更本质的东西，在这样的诸侯相争的年代，自己吴国若要抬起头，崛起在这个天地间，仅仅靠讲“周礼”恐怕是远远不够的，至少现在。最终还得要用强大的实力说话，靠军力去抗争，去摆平。或许这就是寿梦这次出访的最大收获，也是他悟出的一个管用的真理。就像当今世界各国的关系那样，谁有实力，谁就有地位。

事后所发生的一切，倒完全证明了这一点。

也就在那当口，有一件事早不来晚不来，偏偏这时降临了。

楚国大夫申公巫臣因个人“桃色新闻”逃到了晋国。事情说起来不大，但性质很严重，影响极坏。情况大致这样：楚国攻打陈国时，抢来了美妇人夏姬。美到什么程度？反正连楚庄王和大将子反都想占为己有，而且各不相让。申公巫臣早怀鬼胎，却不露声色，还煞有介事地进谏楚王，色不可贪也。可谁也没料到，背地里他却干着不可告人的勾当，利用职务之便，靠着花言巧语，带着夏姬私奔到了晋国。

这还了得，这在楚庄王看来，简直是莫大的耻辱。等待着巫臣的结局也是有前车之鉴的，那可是要株连九族一个不留的。

对于这一点，这申公巫臣不会不知道。不过他也绝不是好惹的，他有更大的谋略，他要私仇公报。因为他早就看准了：长期以来，晋楚两国都是仇敌，却又势均力敌，旗鼓相当，谁也不能把谁怎样。因此要想打破这种僵局，就必须找人合作，联手才是。而这时候晋国也正考虑如何破除吴楚联盟，进而联吴制楚。于是，他请求晋国君王派他出使吴国，寻求联合抗楚，晋国君王很快答应了巫臣的要求。

据《左传·成公七年》书上介绍，巫臣从晋国带来了三十多辆比较先进的战车，帮助吴国训练部队，结束时还留下十五辆给吴国。这对吴国来讲，如获至宝。吴国是个水网地区，通常打仗只擅长在水上，靠的是战船，而对战车有点陌生。巫臣是带着预谋来的，所以不但教吴军如何驾车如何摆阵作战，还教唆吴国如何背盟于楚国。这下让吴军的军事技能和实力都有了明显提高。吴国由此与晋国结盟，自然和楚国反目。

从此，吴国也开始小试牛刀，用武力说话了。矛头直指楚国的几个附属小国。吴军一会儿攻打巢国，一会儿出击徐国，再是偷袭州来，仅一年就发动了七次战争，并统统拿下。这下可让楚国有点醒悟有点紧张了。

到了公元前570年，也就是寿梦十六年，楚国依仗自己是大国实力强，为防止吴国继续西扩，便先发制人，率领大军围攻吴国，想给吴国来个下马威。可恰恰事与愿违，不但没把吴国怎样，反倒被吴国打了一败涂地，不仅大将军被俘了，而且连自己的城邑驾城也丢了。从此吴国名声大振，各诸侯国再也不敢小视吴国了。

当然，那些年寿梦在注重用硬实力武力证明自己强大的同时，也并没有放弃用软实力“礼乐”来展示自我。他主动与诸侯各国来往，定期会盟，举办类似现在所流行的什么高峰论坛会、双边研讨会等，以此搭建平台，阐述自己的观点，发表自己的见解，不断扩大影响。一句话，寿梦正是通过这武力征服和政治结盟的两手，使吴国成为不仅可与楚国大国抗衡，而且在诸侯国中也有着极其影响力的新兴强国。

这大概也可算寿梦在位执政二十四年，从公元前585年到公元前561年，为之奋斗而梦想成真的政绩吧。

难怪《史记》会这样说：“寿梦立而吴始益大称王。”这意思再明白不过了，吴国真正的强大，是从这寿梦开始的。其实，这或许刚刚开了一个好头，吴国好看的大戏还在后头呢。

伟大的事业，总是要靠有着伟大志向的人，伟大抱负的人去继承，去开创。这大概也是千百年来历史之经验和总结。

所以，在这一点上，历朝历代的君王，似乎早就形成了一个非常默契的共识。再说具体点，就是对于继承人的选择，都有一个不谋而合的心愿：务必要挑选一个非常有能耐和气魄的儿孙来担当，为的是让他们未竟的千秋大业有人去完成，去实现。

然而，也就是在这样的节点上，有些事情，无论是过去，还是现在，常常犹如脱缰的马儿难以控制，也无法掌控。况且这样的事在历史上已屡见不鲜。不管你君王的如意算盘如何拨拉，即便下了诏书，写进了章程，结局也未必如愿。这也早就成了一道历史难解之题。相反，有时一举成功者，则常常让人始料不及，有时几乎没有征兆，没有诉求，甚至也没有进入视线，可当时机一旦降临，似乎人人都有的那颗与生俱来的雄心、野心，乃至是贪婪之心，便张开了血盆大口，猛扑过来，历史从此逆转。

此话怎讲？听我往下说。

这寿梦挑选接班人早有打算，而且做法有点效法老祖宗周太王。他有四个儿子。老大诸樊，老二馀祭，老三馀昧，最小的是季札。

在寿梦眼中，季札从小爱读书，悟性高，修养好，想必能成大事，便有意将王位传给季札。但季札知书达理，他认为废长立幼是违反祖先规矩的，所以态度很坚决，根本不接受。寿梦临终前只好改变策略，和几个儿子商定，今后王位就照“兄终弟及”去办。这样到时就能合法地将王位传至季札，而又使他没有理由可以拒绝。

寿梦想得倒挺美，也很周全，似乎合情合理又合法。

若干年后，按照这一继承法，王位理应由季札继承。可他就是一根筋，死活不肯，再次谦让，还逃回自己的封邑，也就是现在常州淹城的地方，继续当他的延陵君去了。至于这王位最后也不知怎么搞的，落到了老三馀昧儿子僚的头上。

这一来，有一个人特别不情愿。他就是老大诸樊的儿子公子光。他的理由很充足，先王定的王位继承是“兄终弟及”，无话可说，本来则是为了让王位传给季札。如今既然他不愿接这个茬，那就得按嫡长子继承制来做。也就是说由他来坐这个王位是理所当然的，也是无可非议的。但现在乱套了，有点糟糕，生米煮成了熟饭，这可如何是好。

史书上说，公子光倒不是那种纨绔子弟，小混混，他的抱负可大着呢。不仅如此，他还特有城府，小不忍则乱大谋，早已成为他处世的准则。在克己复礼上他特在行。为了麻痹吴王僚，他对王表面上装得特别尊重，可暗地里早就磨刀霍霍，计谋着如何采取非常手段铲除僚夺取王位。

大家都听说过“荆轲刺秦王”的故事吧。其实类似的事早在这之前就在吴国刀光剑影、惊心动魄过了。这就是由公子光一手导演的被历史称为“专诸刺王僚”的谋杀行动，并大获全胜。

这次刺杀行动之所以会一举拿下，很重要的一点，就是得到了高人指点，这高人就是大家都熟悉的伍子胥。有关他的一些情况我后面再细讲。当伍子胥了解了公子光的政治意图后，就为他出谋划策，还为他挑选一个绝好的刺客叫专诸。专诸属于那种绝对讲义气的勇士，他认定了的事，就会不惜生命代价为你赴汤蹈火。同时他还是一个大孝子。怎么个孝法？他人高马大，充满野性，三句话不对路，就要大打出手。不过只要听到母亲呼喊一声，他就会立马住手不再继续。伍子胥就是看准他的义和孝这两点，先是和他交上朋友，紧接着就把他推荐给了公子光。

在古代争夺王位，父与子，兄与弟，还有臣与臣及其他，互相残杀，你死我活，已不是什么新鲜事。不过在那冷兵器时代，再加上三步一岗五步一哨，要想靠近君王行刺恐怕也不是轻而易举的。因此这里面更需要智慧。

吴王僚有个爱好，很喜欢吃鱼，这也许是他生长在苏州水乡的缘故。专诸了解到这一情况后，便向公子光谈了自己的打算。公子光认为完全可行，并秘密派他去太湖边上的渔家学习烤鱼技术，当然醉翁之意不在酒。

万事俱备，只欠东风。

公元前515年九月，也就是吴王僚十一年，楚平王死了。吴王僚乘机派两个弟弟掩馀和烛庸率兵攻楚。没想到楚国早有准备，还截断了吴军退路。一听到这消息，伍子胥便觉得千载难逢的机会到了。吴王僚的几个亲信率兵在外，一时回不来，国内空虚，这正是下手的最好时刻。

公元前514年四月的某天，公子光借故宴请吴王僚相聚吃饭，当然事先在地下室埋好伏兵。吴王僚在安全上可谓慎之又慎，一方面全身武装，贴身穿了三层铁片铠甲，就像现代人穿着的防弹背心一样。另一方面，他特派出一大批火眼金睛的卫士，对进出宴席场所的所有人士一律搜身检查，大概比现在机场乘飞机还要严格，为的是保证绝对不出意外。可百密一疏，令吴王僚万万没想到的是，专诸实施行刺，是乔装打扮成厨师端着大盘子送菜来的。他身上显然不会去藏有凶器什么的。他却巧妙地把一把鱼肠剑藏进了烧烤好的鱼肚子里。就在他把菜送上并靠近吴王僚的一刹那，从鱼肚里拔出剑来，猛烈地刺向吴王僚。尽管吴王僚身边的几个卫士个个身手不凡，前来保驾，也把长戟扎进了专诸的胸膛，但是吴王僚还是被力大无比的专诸刺杀身亡。公子光趁机指挥伏兵，把吴王僚的同伙一网打尽。后人为了纪念专诸这位肝胆相照的侠客勇士，还在苏州古城阊门附近命名了一条“专诸巷”，并一直流传至今。

这一年，公子光自立为王，定为阖闾年，他便成了吴国第二十四世吴王。

这也许是历史的偶然。但这偶然中似乎又隐藏着一种必然。这吴王阖闾大概就是这样。他靠行刺政变当然没有什么光彩的，可他倒像是一个注定要成就大事的君王似的。要知道，早在这之前就显露出了他出众的才华。他是吴国之将，曾率兵破楚，屡建战功。特别是在公元前519年的吴楚“鸡父之战”中，他就以其出色的智慧和卓越的军事才干，指挥吴军打败了数倍于自己的以楚国为首的七国联军，这也是春秋时期一个典型的以弱胜强的战例。

由此看来，吴国的先辈们，尤其是君王们生生不息企盼追求的称霸大业，就要由阖闾去沧海横流，方显英雄本色了。

通常，君王们总是声色犬马、浮华虚荣，阖闾却一概远离，且深恶痛绝。他勤于政务，体恤百姓。据史载，发生了天灾，他到全国各地巡视，看望民众。由此，深得民心。事后史学家就是这样评说的：阖闾是吴国称霸过程中功勋最大的君王，与齐桓公、晋文公、楚庄王以及后来的勾践并称为“春秋五霸”。

那么在吴国六百多年的历史中，为什么唯有阖闾能获得如此高的评价呢？当然，这绝不是靠哪一个人就能吹捧出来的。实际上，只要看看他执政后做的那三件事就知道了。

“网罗人才”这是第一桩。在阖闾还没坐上吴王这把交椅时，他的这种政治远见就初露锋芒了。伍子胥就是第一个被他所看中的人才。从一定意义上说，阖闾之所以有这一天，最根本的就是靠了伍子胥出谋划策，鼎力相助，否则事情就难讲了。因此，阖闾上台后对待伍子胥，除了君臣关系外，更把他看作“心腹”，是“铁杆兄弟”。伍子胥也很快被任命为“行人”。说起来那仅仅像现在国家礼宾司的官员那样子，主要负责接待各诸侯国的使者宾客和处理外交事务等，但实际上的角色有点类似以后的宰相，经常参与军政大事的商议。伍子胥是一个旷世人才，他“少好于文，长习于武”，“勇于测谋”，“明智鉴辨”，是大家公认的“文治邦国，武定天下”之才。对这样的能人，阖闾当然要用足用好。

另一个人才大家也不陌生，他叫孙武，就是名扬四海的《孙子兵法》的著者。他是齐国人，出身名门，其曾祖父田无宇是齐国的大夫，以勇武著名，祖父田（孙）书、父亲孙凭都是齐国军政要人。当时由于齐国贵族作乱，政局动荡，为防不测，他便“避乱奔吴”来了。要知道他那本《孙子兵法》，就是他隐居在苏州西部穹窿山山坳坳里写就的，被世人称之为“兵圣大作”。美国国防大学、西点军校、海军指挥学院都把《孙子兵法》作为战略学和军事理论的必修课。不仅如此，《孙子兵法》还被广泛运用到企业管理和商业竞争中来。如通用汽车公司总裁自称其经营之道就来自二千多年前的《孙子兵法》。著名管理学家乔治在《管理思想史》中则说：“你想成为管理人才吗？必须去读《孙子兵法》。”对这样的人才，阖闾求之不得。也是在伍子胥的积极引荐下，被阖闾委以大将重用，主要负责军事防务工作。这对吴王阖闾而言，伍子胥和孙武便成了他的左膀右臂，更是如虎添翼。

还有伯嚭，他乃是楚国名臣伯州犁之孙。父亲是楚王的爱臣，他为人耿直、贤明、有能，深受百姓爱戴。由此受到了少傅费无忌的忌恨进谗，被贪得无厌的楚令尹（国相）子希所杀，并株连全族。但伯嚭侥幸逃离，奔吴而来。伍子胥与他并无私交，但因遭遇相似，同病相怜，就将他举荐给吴王阖闾，并深得吴王信任，先后为大夫、宰辅，共谋国家大事。也为吴王争霸天下立下汗马功劳。当然后来伯嚭心术不正，走向了反面，那又是另外一码事。

第二桩就是营造都城。阖闾刚刚上台时，吴国虽经历代努力，实力不断增强，但这离阖闾的远大目标相距甚远，面临的各种困难和矛盾也不少。他挺有自知之明：自己国家处在东南偏僻地带，交通不便，气候潮湿，时常遭受江湖水患，还有外来入侵，国家难以防守，百姓没有保障，国库也不充实，农田有待开垦，这样下去终究不是个办法。由此，他不能不为自己吴国的现状和未来感到十分担忧。他就向伍子胥请教治国之策。伍子胥似乎胸有成竹，他对吴王阖闾说：“凡欲安君治民，兴霸成王，从近制远者，必先立城郭、设守备、实仓廪、治兵库，斯则其术也。”

伍子胥不愧是一位杰出的政治家，他站得高、看得远，他为吴王阖闾提出的“安君治民”的治国方略，既深谋远虑，又务实可行。这先立城郭，就是要让国家的民众有一个归宿感，有一个立足之地。有了这大家园，也就能取信于民，让民众安居乐业。有了这个大家园，就有了依托，可以做各种军事防御设施，还可以大力发展经济，充实国库，不断壮大实力。吴王阖闾听后觉得很在理上，当即委以伍子胥担当建都城之重任。

经过几年努力，就把一个崭新的吴国都城建成了。也就是现在的苏州古城。这在当时来看，其规模、防备及功能等都是第一流的，乃至到了2500多年后的今天，即便是用现代人挑剔的眼光来审视，她也是令世人赞叹不已的。当然更是吴王阖闾富国强兵争雄称霸的硬实力、凝聚力、威慑力的一种形象和标志。

第三桩就是“破楚入郢”。要说吴楚两国的战争，早在寿梦时代就开始了。大大小小的战争不下于20多次，从未停过。而且说来还真让人难信，别看吴国小，可算起来还常常是吴胜得多败得少。不仅如此，有时还是吴国主动挑衅、出击，时常弄得楚国很尴尬。但即便这样，吴国对楚国依然步步紧逼，从不退让，总想把楚国置于死地而后快。这葫芦里到底卖的是什么药？吴国为什么要这样做？其实这一切都是注定要发生的，阖闾继承父辈们大业，从未停止过争雄称霸的步伐。他上台后首先采用的就是伍子胥提出的“从近制远”的蚕食策略，其思路就是先从周边国家下手，特别是要打垮西部的头号强敌楚国，以解吴国最大的威胁，并由此敲山震虎，一箭双雕。一方面向北边的齐晋等大国展示吴国之强大威力；另一方面再向南，征服越国，最终逐鹿中原，夺取霸权。

对于这一天，吴王阖闾等了很久很久，时机也似乎来了。就在公元前506年九月，也就是阖闾九年，经过精心策划，由吴王亲自挂帅，以伍子胥、孙武、伯嚭等为将军，长途奔袭楚国，展开了一场春秋时期最大规模的战略决战，史称“柏举之战”。地方在今湖北麻城东。吴国仅用三万精兵，击败了楚国二十万大军，而且五战五胜，一直打到都城郢都，成为中国战争史上一次以少胜多的著名战役。时间也只用了十天。

这多少有点天方夜谭。就是在现代化信息化的今天，我们展开高科技的军事想象力，恐怕也会觉得匪夷所思，何况那是在什么时代。凡有点军事常识的都清楚，只要一方的兵力多于另一方几倍，那就可以采取包围聚歼之战术。可史书上却明明白白地记着，多于吴军六倍的楚军，从一开始就没有找到这种时机，相反则被吴军牵着鼻子走，或声东击西，或左躲右藏，让楚军不知所向，时时被动，处处挨打。就拿吴军的行军路线来看，也可谓是扑朔迷离，出其不意，飘忽不定。他们原本是沿着淮河一路向西，到了今河南的潢川县却突然弃船登陆，一口气跑到汉水东岸。当楚军在对岸集合完毕准备渡河时，吴军又不以对抗而后撤，吸引楚军一路追击，直至把楚军引入大别山脚下柏举包围圈，这才让楚军如梦初醒，可为时已晚。

这样的行军路线，据说在中国战争史上还是第一回。制定这行军路线的正是孙武。这无疑也是孙武《孙子兵法》军事思想理论的一次成功实践。

后来楚国要不是靠了秦国来相救，恐怕早就国将不国了。尽管吴王阖闾西破强楚最终并没把楚国吃掉，但这一下毕竟打出了吴国的军威，不仅让楚国大伤元气，也让整个中原为之一振。以至后来楚国竟得了“恐吴症”，一听到吴军就有点闻风丧胆，最后还被迫将国都迁到了今湖北宜城县东南方。

大家还记得“鞭尸三百”的故事吧。事情就发生在吴王阖闾拿下楚国都城郢城后。伍子胥当然要好好报仇雪恨。他本想活捉楚昭王，让其父债子还，没想到楚昭王早已逃之夭夭。伍子胥岂能罢休，他的怒火燃烧到了极点：“活的找不到，死的不是还在吗！”他便直奔楚平王墓，把尸体挖出来，硬是抽了整整三百鞭，以解心头之恨。这事在司马迁《史记·伍子胥列传》上就这样记录着。当然也有的史书上说仅仅是“鞭墓三百”。但我想不管是哪一种方式，都是说明伍子胥对楚平王恨之入骨罢了。这里就不去探讨了。

有位哲人好像说过，人犯错误常常不是在他艰难曲折时，倒是反而往往在他春风得意时。这吴王阖闾也不例外。自破楚入郢归来，他就被暂时的胜利冲昏了头脑，开始飘飘然，自以为是。

他的那争霸之欲火仿佛又一次燃烧起来，他要继续实施“从近制远”的第二步战略，要对南边的越国下手了。在他眼里，强大的楚国都被自己打得落花流水了，而你一个小小的越国当然就更不在话下了。然而，世界上许多事情可不完全是由自己的主观愿望所决定的。也许吴王阖闾太狂妄了，也许是他太大意了，这一回吴王阖闾非但没有拿下越国，却反而被越国致命一击，吴王阖闾在与越军的交战中，竟被刺伤，最后还送了命。

那是公元前496年，也就是阖闾十九年，越王允常过世了，其子勾践接位。阖闾一听到这个消息，他的一种莫名的兴奋本能难以抑制，他认为这是兴师伐越的最好时机，他决心已定。尽管伍子胥、孙武等大臣觉得不合道义，他却依然我行我素，一意孤行，并亲自率大军出征。

年轻的勾践被逼无奈，立马调兵遣将予以迎战。两军很快就在吴越边界的一个叫槜李的地方相遇了，也就是现在的嘉兴市西南处。只见吴军人多势众，气焰嚣张。相比之下，越军则显得有点势单力薄，力不从心，好像不在一个等量级上。

面对这样的格局，勾践自然心知肚明。所以他早就做好了巧战的打算。他先是两次组织像我们电影里常见到的，由突击队作为第一方阵进行拼杀，结果都溃败下来。一招不行，他又出猛招：派出一批早就准备好的死囚，排成三行列阵，然后把剑架在各自的脖子上，当快要到达吴军面前时，他们集体自刎。几乎同一瞬间，人头落地，血喷似火。

不得了了，这场面谁见过？顿时把吴军吓呆了。就在这吴军还来不及回过神之时，勾践则指挥着越军，来了个大冲锋。一时间吴军混乱一片，招架不住，纷纷逃窜。慌乱中吴王阖闾也丢了魂，择路而逃。可哪知道，偏偏被越军大将灵姑浮紧追其后，还用戈击中了他的大脚趾。虽说最后在吴军的营救下，阖闾得以脱身，可等到他逃到七里外的陉地，今浙江嘉兴东北处，他就一命呜呼了。

这事大家听着简直就像苏州评弹里在说书似的让人将信将疑，可偏偏就这样发生了。

本来这吴国多少年来的梦想快要实现了，或是万里长征就差那么几步了，可就这么一个不该发生的意外，让时局发生了悄然变更。

对吴国来讲，一个千载难逢的机会，就这样白白丧失了，似乎还怨不得别人。

可我们也别忘了有这样一句话，革命自有后来人，他们擦干了身上的血迹，埋掉了兄弟的尸体，他们又出发了……

这话又从何说起？这个革命的“后来人”究竟是谁？他就是阖闾的儿子夫差。他岂能让前辈梦寐以求前赴后继的雄心壮志，就此戛然而止，化为泡影？

"我要报仇！"这就是夫差从心底里喷发出来的似火焰一般的仇恨。以至他继位后有好长一段时间，日夜派人站在宫廷门口，只要自己进出，他就让侍卫冲他大声怒吼："夫差，你忘了越王的杀父之仇吗！"

"终生难忘！"回答是那么铿锵有力，落地有声。

进而他把这满腔的仇恨化为强国杀敌的意志和行动。他一心想要把越国首先征服。

经过三年的励精图治，苦心经营，吴国国力军力大增，民众士气也十分高涨，大家做好了伐越的各种准备。

要说这年轻的越王勾践，自槜李战役取得侥幸胜利后，大概也有点骨头轻了，在他看来，吴国也不过如此，没有什么了不起的。有一次当他听说吴王夫差正带着吴军日夜练兵，准备攻越时，他却不屑一顾，还说什么，那好啊，我这正等着他呢。

也许勾践还沉浸于那"槜李"胜利的喜悦之中，也许勾践实在年轻不知天高地厚了，他竟然突然冒出了另一个自我感觉极好的念头，与其等着吴军来犯，倒不如主动出击，打吴国一个措手不及。

对此，勾践身边的越国大夫文种、范蠡等一再进谏劝阻说，万万使不得，因为现在的情况与上一次根本不同。可勾践哪里听得进去，并亲自率越军主力，于公元前494年，从吴越边界的南太湖向吴国境内进军。吴军得到情报后，立即投入战斗准备。

结局自然也是大家都了解的，最终吴军在太湖的一个叫夫椒的地方，也就是现在的太湖西山水域，直把越军打得一败涂地，狼狈不堪，四处逃窜，损失十分惨重。越王勾践也被吴王夫差一路追杀，带着残兵败将逃回到自己国都绍兴的东南会稽山上。

本来这对吴王夫差来说，只要宜将剩勇追穷寇，就能全歼越军。而且这还有一个更重要的意义，征服了越人，就能为下一步进军中原北威齐晋铺平道路。但也恰恰正是在这样的是“灭越”还是“存越”的大是大非的原则问题上，吴王夫差却犯下了一个不可饶恕的事后也被完全证明了的重大错误。从此改变了历史走向，乃至人生荣辱之命运。

回过头再来说越王勾践的人马被吴军围困在绍兴的会稽山上后，便成了无处可逃的瓮中之鳖。为了求生，眼看死路一条的勾践，便找大夫文种、范蠡商量，准备找吴王夫差面谈，向吴国求和，并愿意作为人质。事后来看，越王勾践太有智慧了，也太有远见了。他坚信，男子汉大丈夫能屈能伸，留得青山在，不怕没柴烧。还有君子报仇，十年不晚。

为此，吴国大臣之间在是否接受越王勾践求和上，也出现了严重分歧。伍子胥态度十分坚决，坚决要求不失时机，灭掉越国，除心腹之患。因为在他看来，单从地理位置而言，越国要发展必然要以灭吴为基础。因为越国的南边是不毛之地，难以开拓。要成为大国，必须北上争霸。而北上首先就要受到吴国阻挡。由此越之国策必是以亡吴为前提。对吴国来说，也是这个道理。越国无疑是吴国必欲除之的大敌，不能有半点犹豫和侥幸，吴国在这时理应抓住不可多得的契机，先下手为强，使它彻底消亡才为上策。至于齐晋等国，一方面相隔甚远，又多是石田，没有多少开发潜力。再说，就是要去争霸中原，等拿下越国，增强了国力，那也不会迟。然而早被越国通过贿赂财宝美色买通的吴国太宰伯嚭，出于私利而全力主张接受越国求和，要讲理由当然也是头头是道，有板有眼的。

那么吴王夫差最终是怎样考虑又是如何决断的呢？也许吴王夫差争霸心切，或许他想得更远更深。在他看来，自己的宏大抱负还没有实现，下一步他要北上中原，可那里还有着一个强势的齐国，正阻拦着他的前进步伐。因而，当务之急，就是要把齐国拿下，这才是头等大事。至于眼下，越王都成了自己的笼中之鸟，他还能怎样？再说，他要真的不服，我再惩罚他也不迟！或许他的逻辑也没错。如意算盘打得还真不赖。

因此，吴王夫差不管伍子胥怎么劝说，他还是同意越国求和了。而那时，孙武也不知什么原因，早已回到他的穹窿山隐居去了，大有一种急流勇退之意。

夫差的举动，不由让人们想到后世另一个吴人项羽，当这个西楚霸王有机会一统江山击败刘邦时，他同样丧失了千古良机，留给对手喘息之机会，最终落下了兵败自刎的结局。

公元前492年，勾践则带着妻子和大夫范蠡还有300多个手下到吴国当奴仆来了。

吴王夫差好不自命不凡。这人大概都有一个共同的致命弱点，常常都会被眼前的假象所迷惑，吴王夫差也没超越。他见勾践夫妇俩整天辛劳工作，铡草养马，打扫卫生，还毫无怨言，任劳任怨，竟产生了怜悯之心。特别是当自己生了病，勾践虔诚地为他亲自尝粪便以测病情，这更让吴王夫差大为感动，称勾践是个仁慈的人。三年后，看勾践他们表现不错，吴王夫差便特赦了他们。据说临行时还举行了挺有排场的欢送仪式。

那么越王勾践归国后究竟又怎样了呢？真像吴王夫差想象的那样，或是放下大刀，立地成佛？或是规规矩矩，老老实实做人？哈哈，这真是验证了那一句话，“不是敌人太狡猾了，而是我们自己太愚蠢了”。他夫差也不想想，天下哪有这样的好事。原来勾践以前在他面前的所谓种种好的表现，全都是伪装出来的，而且天衣无缝。其实，他的亡吴之心从未死过。回国之后，他所做的一切都是冲着向吴国报仇来的。

一方面，对内强本固基，增强国家实力，实施了一系列富国强兵之策。比如在农业上，动员民众大力开垦荒地，扩大谷物种植。还对多生育子女的家庭进行奖励，为的是增加劳动力和兵力。军事上，严格训练，不断提高战斗力。

另一方面，对外采取“伐吴九术”。比如赠送吴王大量财物，以取信任，疏于防范，又让夫差习于奢侈，丧失锐气；向吴国输送能工巧匠，巨石大木，引诱夫差筑起宫室高台，空耗国家财力民力；大肆贿赂吴王左右奸臣，败坏吴国朝政。这个奸臣主要是伯嚭。还有，就是用美女以惑其心而乱其谋。勾践派人专门到苎萝山今绍兴诸暨物色了两个美女，其中之一就是被世人称之为中国古代“四大美女”之一的西施，经培养调教，专门用来服务吴王夫差的，其用意就不用讲了。

在那些年里，吴王夫差最揪心的，莫过于在消除了所谓的越国这一后顾之忧后，要直取中原，拿下齐国，包括晋国。当然，也唯有如此方能称霸天下。由此，他开始北上出击了。从全局考量，夫差首先要出击陈国。因为陈国地处他北进中原的咽喉地带，即今河南东部及安徽的一部分地区，地理位置十分重要。一切倒挺顺利，陈国很快被占领，也免除了吴军北上时来自侧翼的威胁。接着便实施攻打鲁国的军事行动。鲁国是吴国的北邻，吴国要攻打齐国，就必须借道鲁国。而鲁国也是中原有点实力的国家。即便这样，夫差还是凭借军事强势，迫使鲁国屈服。吴王夫差在打通北上的通道后，便认为时机已经成熟，开始征战齐国。吴王夫差当然知道，这是一块比较难啃的骨头，但他意志更坚，再难也要啃下来。

公元前484年夏季，吴王夫差纠集大部队乘舟自邗沟直奔淮水西上，转而到泗水北进，与等候在那儿的鲁军联合攻打齐国。双方在一个叫艾陵的地方也就是今山东莱芜市东北地带摆开了阵势。吴军方面，分成四军，中军、上军、下军、右军，中军由吴王夫差直接统领。

齐军方面，分成三军，即中军、上军、下军。据史载，战斗进行得相当激烈，一时胜负难定。然而就在这关键时刻，吴王夫差率领中军厮杀而来，一举扭转了僵持局面，很快让齐军就范。

这次历史上称之为“艾陵之战”，无疑对吴王夫差是至关重要的。这次战役的胜利，也为吴国争雄称霸扫平了道路。这样一来，吴国争霸的对手就剩下中原的晋国了。

吴王夫差伐齐凯旋后好不趾高气扬，耀武扬威。在庆功宴会上，夫差没看到伍子胥，就派人去叫。由于伍子胥一开始就不赞成伐齐，当然也不会因夫差取得一时的胜利而前来赞美，反过来倒说这是亡国之先兆。吴王夫差听了很是扫兴。也在这节骨眼上，太宰伯嚭向夫差密报了伍子胥在这前早把儿子托付给齐国的鲍氏一事。这是怎么回事？简而言之，伍子胥几次进谏都遭夫差拒绝，他彻底失望了，他深知吴国必被越国所消灭。为避祸他无奈借出使齐国之机，把儿子带去交由鲍氏家族以传后代。这可了得，吴王夫差当场大怒，在他看来伍子胥早就人在曹营心在汉，背叛吾王，里通外国，这样的人还留着干什么。当然也有一种可能，或许吴王夫差早就有杀伍子胥之意了，事到如今，便有了借口，于是赐剑令其自尽。

伍子胥那倔强耿直的性格，注定是无所畏惧的。则是临终前他把话儿扔给了吴王和后人：“等我死了，就把我的眼睛挖出来挂在吴国都城的门楼上，我要亲眼看看越寇是怎样打进吴城灭掉吴国的。”吴王夫差被激怒了，他气急败坏地说：“孤不使汝得有所见。”并下令把伍子胥的尸体装进皮袋子里抛入江中，要让他死无葬身之地。当然，这话恐怕也不是吴王说了能算的。

在民间至今还有这样的流传，说是这皮袋也怪，不是顺水向东走，却是逆水而上，自东向西，即从连接都城的那条江一直来到西边太湖口不走了。后来民众为了纪念伍子胥，就把那地方称为胥口，这条江就叫胥江。而胥门则被认作是伍子胥当年悬门抉目的地方。也正由于伍子胥的忠勇刚烈，就连要被他执意灭掉的越人也对他敬畏有加，人们甚至把汹涌澎湃的广陵潮、钱塘潮和伍子胥的冤魂联系在一起，后来的浙江人把伍子胥供奉为钱塘潮之神。仿佛全然忘记了伍子胥“有越则无吴，有吴则无越”的咒语，伍子胥已然成为一种文化符号。

春秋那时，争雄称霸的一个重要标志就是要当上盟主。吴王夫差在伐齐取得成功后，便把争当盟主的事摆到了重要议事日程上来。在他看来，那仅仅是走一个形式而已，凭自己的实力，这盟主他是当定了。

按照章法，这当盟主就要举行一次由各路人马参加的盟会。这有点类似如今国际上要举行一个有影响的会议，事先就得先推选出某国的首脑来做召集人。其实这召集人仅仅是一种象征而已，充其量也就是有一个好听的名分，或是当一个临时主席什么的。说穿了没有半点实质性意义。

对此，吴王夫差却很当真。就在公元前482年夏天，由吴王夫差提议，在中原黄池也就是现在河南封丘西南的地方召开了盟会。对这次盟会，类似现在的中央政府倒也重视，周王室的单平公也专门赴会。还有就是晋国的晋定公、鲁国的鲁哀公等。吴王夫差就等待着这样时刻的到来。可这晋定公一开始根本不买账，也要争当盟主。会议争吵得很厉害，各不相让，直到深夜还没有结果。大家开始担心起来，不知怎么收场才好。然而这吴王夫差却一点也不着急，似乎一副稳坐钓鱼台的样子。那么这是为什么？因为，他早有了两手准备，谈得拢就谈，谈不拢就用武力来说话。

就在那天晚上的凌晨时分，吴王夫差的杀手锏早就准备好了，也不知是什么时候，神不知鬼不觉地把长驱两千里悄悄带来的3.6万吴军，分成白红黑三大方阵，就往晋国王宫前那么一摆，你看着办吧！

远远望去，那气势如同一片沸腾的汪洋，又似熊熊烈火，赛过乌云密布。不用说，这就是一种不战而胜的威慑力。晋定公一看这架势，全明白了。好汉不吃眼前亏，二话没说就服软了。盟会有一个规矩，要举行歃血仪式，就是用牲畜的血涂在嘴唇上表示诚意。谁第一个歃血，就意味着谁就当盟主，这样盟会就由吴王夫差先歃血，这盟主自然就归吴王夫差了。

本来，这一切对吴王夫差应该说是十分圆满的，大功告成，多少年的梦想终于实现了，从此吴国终于可在世人面前扬眉吐气了。然而，还未等吴王夫差来得及好好庆祝一番，也几乎就在吴王夫差在争夺盟主的同一时刻，他的后院起火了，他被人在背后狠狠地捅了一刀。这人是谁？不是别人，就是被他放虎归山的越王勾践。

早就虎视眈眈的勾践，在得知吴王夫差带着人马去千里之外会盟，一时半晌又赶不回来，便觉得机会来了。于是，立马调兵遣将，集中5万重兵，分两路大举进攻吴国。一路由范蠡率队，沿海北上，由海入淮，拦截可能由黄池回救的吴军主力。一路则由越王勾践亲自带队直奔吴都。

大家可以预料，面对这样的阵势，仅靠留守的吴王太子友和少量的吴军如何抵挡得了，等吴王夫差赶回来时，黄花菜早就凉了，吴都城已被扫荡一空，姑苏台被烧，专供吴王夫差游玩的大船被抢走，太子友也被俘虏了。

到这时吴王夫差才想起了伍子胥的话：“越国十年生聚，十年教训，二十年后，吴国的宫殿恐怕要成为他的池沼了。”不幸言中，可一切都已晚了。

在万般无奈之下，夫差只能派出使者携带大量金银财宝去越国，请求免战议和。越王勾践还算知道自己有几斤几两。他一方面多少要考虑到吴王挟诸侯盟主和周天子赏赐之威，况且吴军还有一定的战斗力；另一方面看看自己的力量一时还灭不了吴国，便来了个缓兵之计，同意放吴国一马。

而在这后来的近十年里，吴王夫差似乎依然没有吸取教训，还被太宰伯嚭一批小人左右着，以致整个国家综合国力每况日下，趋于衰落。到公元前473年的10月，吴国都城在被越军包围了两年后，终于失守，很快被攻陷。吴王夫差只好带领一帮大臣仓皇出逃，躲到了都城西南的姑苏山附近。

公元前473年11月27日，吴王夫差终于走到了人生尽头。他被越军团团围住，他上天无门，入地无洞。越王勾践念夫差过去对他的仁慈，不忍杀掉夫差，便派人对他说，准备把他安置到浙江甬东，也就是今浙江的舟山群岛去，还派三百户百姓侍奉，以安度晚年。夫差倒还算有骨气，没有半点贪生怕死，更没有把命运交给勾践去任意安排。他说：“天降祸在吴国，正当是我在位。如今宗庙被毁，国家被灭，吴国的土地百姓都被越国占有，我还有何面目再见天下之人。”最后他仰天长叹，拔刀自尽！

一个曾经称霸一时的君王，就这样人去魂断飞，销声匿迹了。

一个历经600多年的吴国，也从此国破山河尽，国将不国了。

春秋无义战。后人似乎都这么说。

但它终究是一段历史，不可磨灭，也难以忘怀。在我看来，不管是非如何，也不管谁对谁错，有一点大概是不可视而不见的。这吴国的历代君王们，尤其从太伯、仲雍奔吴建立勾吴国开始，到寿梦、阖闾乃至夫差，他们始终怀揣着一个伟大的强国之梦，他们从不畏惧艰难险阻，励精图治，前赴后继，直至从弱小卑微到傲世称雄的春秋五霸之一，从此吴国的英名传遍天下。

尽管那仅仅是昙花一现，并最终以倾覆亡国而告终，但他们毕竟实现了自己梦寐以求的抱负，也为吴国的历史赢得了曾经的辉煌和地位。从这个意义上讲，吴国是值得称道的，他们是好样的。再从另一层面看，这可说是一个民族，一个国家，乃至一个地方，永远立于不败之地不可缺少的精神财富。

更值得庆幸的是2500多年来，这种难能可贵的精神，始终奔腾在天堂苏州的大地上，而且从未间断，孜孜以求。它对后世的影响和传承也是显而易见的。以至这些年来，人们每每说起苏州改革开放三十多年来所取得的巨大变化，便仿佛又看到当年吴国凌云壮志冲霄汉的威武身影，和那不屈不挠奋发追梦的豪迈气概，于是便涌现出了被称之为当代苏州人创造的三大法宝，即“张家港精神”、“昆山之路”和“园区经验”。其核心就是那种勇于争先、敢于称雄的苏州精神。正是在这种精神动力推动下，说起来苏州仅仅是个地级市，却做出了许多连省市都难以超越的成就，并一举成为神州大地上升起的一颗闪耀的新星。由此，使之今日的天堂苏州，便愈加光彩夺目，愈加气贯长虹，愈加美丽动人。

第二讲

千年古城数第一
至今犹存更盎然

为什么说苏州古城是全国第一古城？她虽历经二千五百多年的沧桑，却为何能依然耸立在原来的城址上？这些年许多地方的古城，早已被折腾得面目全非，可苏州古城仍不失往日之风采。都说她是当代一座最像中国的城市，这其中之奥妙又在何处？

说到天堂苏州这座城市的古老，大家恐怕不会有什么疑问，因为自公元前514年建城至今，已潇潇洒洒地走过了2500多年。这不要说在中国，乃至在世界上大概也是不多见的。

不过，今天我要揭秘并传递一个信息，说是苏州城不仅古老，而且还是全国第一古城，你会作何等感想？你会惊讶吗？你会困惑吗？还是压根儿没心理准备？

其实，这用不着去大惊小怪，因为客观的历史是摆在那儿的。有人会窃窃私语，以前我们怎么好像没太听说过。这很正常，没什么好疑问的。因为苏州人向来就很内敛，习惯低调，不太喜欢张扬。另外还有一个更重要的因素，在苏州这座天堂里，让苏州人值得自豪的东西太多太多了，以至常常来不及展示。这倒不像一些地方，正因为好东西太少，所以偶尔有了那么几件宝贝就哇哇大叫，生怕人家不知道，有时更是王婆卖瓜，自卖自夸。

当然，今天既然说的是有关苏州古城的事，那我就不客气，不谦虚了，该是什么就讲什么。

那么从哪儿开始呢？我想是否可从人们普遍关注关心的一些热点问题切入，比如为什么说苏州古城是全国第一古城？她虽历经2500多年的沧桑，却为何能巍然耸立在当年的城址上？这些年许多地方的古城已被折腾得面目全非，可苏州古城却为什么依然不失往日之风采？都说苏州古城是一座当代最像中国的城市，那么她究竟具有什么样的特色和魅力？又给世人怎样的启示和思考？也许这样能便于大家对苏州古城有一个更好的了解。

这些年来，有一种现象大家注意到没有，即不论是经济发达地区，还是经济欠发达地方，都在大力开发本地文化旅游资源，特别是对老祖宗留下来的历史文化遗产，更是无所不用其极，真所谓是千方百计，千军万马，只要能达到目的。从工作角度看，这本身是无可非议的，也是完全可以理解的，实属正常。用前几年一直流行的话来讲就是“文化搭台，经济唱戏”。再换一个视角看，或许也是产业结构调整和转型升级，也给广大老百姓带来了实惠，创造了不少就业机会。这本来是件好事，可在一些地方，好好的经硬是被念歪了，变味了，走样了，甚至完全走向了反面。据媒体报道，在一些地方，为了所谓的发展经济，其历史文化仅仅成了一个幌子，或是偷梁换柱，以假乱真；或是捕风捉影，无中生有；或是合理想象，张冠李戴。一句话，一切从自己的主观愿望出发，而全然不顾历史事实。

这几年各地争抢“历史名人”之战，似乎从未停止过。比如前年安阳挖掘出曹操墓，竟被学术界和各地搞得真假难辨，这是为什么？点穿了都是盯上了它的潜在价值，幕后的强大推手就是经济利益驱动。谁都清楚，一旦抢到这归属权，那就意味着一本万利，财源滚滚。这样的大好事，当然谁也不会退让，你争我夺也就在情理之中了。此外，让人更哭笑不得的还有，似乎名人都抢光了，现在连小说文艺创作出的角色也被群起而抢之。最滑稽的是抢西门庆。有点文学常识的都晓得，那是文学创作中塑造出来的人物，纯粹是虚构出来的，换句话讲，也许根本没有这样的真人真事，自然也谈不上什么“故里”。但相关的两省三地却争得不亦乐乎，其用心也就路人皆知了。

还有涉及城市改造方面，现在也出现了新的情况。据媒体报道，眼下全国各地又在刮起一股拆旧仿古之风。据不完全统计，数量就达到30多个城市。其气势、规模、力度、投资可谓前所未有，大有不重现千年古城之恢宏决不罢休。如大同古城墙即将合龙，投资500亿元的古城再造，让它回到“明代”。河南开封爆出千亿打造古城之新闻，力争四年重现北宋汴京之繁华。而山东肥城计划投资60亿元开发“春秋古城”的项目已奠基，就想穿越时空回归“春秋”。

由此看来这争夺名人故里，还有那再造古城，其价值可谓是不可估量，潜力巨大。这也难怪各地会如此热衷，如此投入。

也正因这样，所以在一些地方说起自己的历史文化名胜古迹什么的，就总喜欢用“最”字或“第一”来标榜。什么“全国第一古村落”、“全国最佳旅游城市”，还有什么“中国最宜居城市”、“中国唯一山水城市”等等，把话都说绝了，从不留一点余地。如确实是那样倒挺好，可真是那样吗？大家心里都明白，那仅仅是为宣传而已，不能讲都是夸大事实的广告，但确实有不少在夸大其词，名不符实，以至许多旅游景点广告吹得天花乱坠，可去后才知上了大当。高兴而去，扫兴而归，便是结局。

不过今天我在这里讲的苏州古城堪称全国第一，那可不是人为的什么自我炒作，也不是苏州人自我炫耀，自我感觉，当然也不是如今哪个人的突发奇想，这可是有着历史根据的。

事情还是要从20世纪50年代初说起。

当时曾有人向苏州市领导建议，为了畅通城市交通，必须拆除古城墙。在接下来的1951年春节前，恰巧苏州市政府召开迎春座谈会，时任苏州市建设委员会文化建设组委员、全国著名历史学家顾颉刚先生提出了自己不同的看法，他说，苏州城是全国第一古城，需要好好保护才是。因此，他不赞成拆除古城墙的做法。这就是苏州是全国第一古城的起因和由来。

那么为什么这样说呢？理由何在？

顾颉刚先生乃是史学界一致公认的泰斗式人物。他在这次座谈会上明确指出:“苏州城之古为全国第一,尚是春秋时物,其次为成都,则为战国时物,其所以历久而不变者,即以为河道所环故也……”

显而易见,这里所说的全国第一古城,是指历史悠久而城址也没有移动过。就是说,眼下大家看到的苏州古城,就是从2500多年前春秋城址上传承下来的。这里最根本也是最重要的一点,就是原有的城址和格局从没有发生过变化,各种遗迹也随处可见。

据历史记载,在全国比苏州城更古老的并不少,但能在同一城址上传承下来的还没有。如郑州商城,距今达3500多年,还有安阳殷墟,其建城时间都比苏州早,但它们都早已废弃不复存在,或仅剩一点遗址而已。而和苏州差不多同时建城的洛阳、开封、太原等城址,都发生了较大变迁。此外,在历史古城中也有一些比苏州城更大更繁华的,如隋唐的长安城、北宋的汴梁城、明清的北京城等等,但要论建城的时间也都是小字辈,大都要晚上一二千年。

不需要更多地去论证,无可争辩的客观事实就是那样。“全国第一古城”这顶桂冠,当然是无可厚非地非苏州莫属。

这是无法取代的第一,这是历史写就的第一。

既然这样,接下来大家可能会刨根问底:这古城究竟是什么时候造的?又是谁造的?这古城之所以不变靠的又是什么?下面就让我一一说来。

大家知道,吴王阖闾是一位具有伟大志向的政治家、军事家,自公元前514年用暴力夺得王位后,他当然要把如何安民兴邦,如何称霸天下作为头等大事来抓。他在认真听取了伍子胥的工作汇报后,很是肯定,并决定就按伍子胥提出的“立城郭,设守备,实仓廪,治兵库”思路去实施。可这“立城郭”究竟怎么个做法?是在原来的基础上,还是重选地方?这让阖闾有点犯难。因为这非同小可,这既是一个迫在眉睫的现实问题，又是一个需要深谋远虑的战略问题。然而，大家可以想想，这阖闾是谁？他胸有大志，自然更有谋略。

从前面一讲里大家知道，吴王阖闾的前辈们那时大概已从太湖北岸无锡梅里来到了太湖东岸苏州木渎一带安营扎寨。从这里所处的地理环境来看，应该讲也是挺不错的。你看，它三面有山，北部靠着五峰山、灵岩山，西边依着穹窿山脉，东南则是有七子山、尧峰山相连，可谓是有山可依，有险可据。但有一个明显的不足也是很客观的，它离南面的太湖太近，易遭水患侵袭，况且从长计议，那地方空间狭小，不利于今后发展。

其实，这还不是最主要的，更致命的大家看了地形就不难看出，那太湖南岸是谁？那就是仇敌越国，把自己的都城建在靠近越国一旁，这无论从哪一角度来审视，总是凶多吉少，夜长梦多，军事防御十分困难。

当然这里面还有一个极其重要的情况不能排除，尽管史书上没有记载，但史学家研究分析推测，阖闾毕竟不是正儿八经上台的，他刺杀先王的行径，不免要受到敌对势力和旧贵族们的不满和反对。有那么几回，阖闾登上姑苏山时，就曾一边在眺望太湖美景，一边还不忘窥视山下各大小贵族动向，有无互相联络勾结之行为。

这一点在后来的历史上倒有过实例，明朝永乐皇帝硬是篡了侄子建文帝的皇位。那时南京是都城，他虽然住在皇宫里，却总看到宫外那些不服他的前朝皇亲国戚和权贵们，常常纠集在一起，不是发难他，就是诽谤他，这给他心理上造成巨大的压力和阴影。最后在他忍受了十八年后，再也憋不住了，他终于迁都回到了自己曾经工作战斗过的老窝北平，从此北平成了京都。因此，阖闾也想换个地方，营造一个更合适的都城。

当然吴王阖闾是绝不会把自己这样的内心世界展示给别人看

的，哪怕是他的大臣们，在大庭广众，他大概总免不了要说上一番诸如：造大城要考虑到百姓安居乐业、军事防备、未来发展等冠冕堂皇的大话套话。最后就把这选城址造大城之事，全权交给了他信得过的伍子胥去具体操办。

伍子胥是个明白人，对吴王的“心思”心领神会，这既是一项重大的政治任务，又是关系到阖闾取信于民的形象工程。对吴国来说，更是一项功在当代、利在千秋的伟大工程。这绝不像建造宫殿之类的建筑那么单一或简单。由此，他领受重任后，就全心投入了工作。

这造城大概和现在各地搞开发区差不多，选址十分重要，相当关键。可以讲，选址选准了选对了，这大城也就成功了一半。因而，伍子胥可谓动足了脑筋，下足了功夫。当然他不是闭门造车，纸上谈兵，凭想象出方案，而是亲自带着人马，到苏州各地进行实地勘察，了解水系地质等等方方面面的情况。

史书上就有这样的记载，伍子胥建大城，“相土尝水，象天法地”。就是伍子胥到各地看风水，搞占卜，经过不断推敲，反复比较，最后放弃了木渎这一原来位置，而选定在距太湖东部大约三十多里处建造都城，也就是现在苏州古城的位置。此后用三年时间，举全国之力，日夜施工，便把阖闾大城搞得粗具规模了。从此，吴国有了一个崭新的都城，无疑成为吴国政治、经济、文化的中心。

这阖闾城，呈长方形，宽大致为3公里左右，长约5公里，总面积为14.2平方公里。城四周每边各有城门两座，其名称自西而北到东南，依次为胥门、阊门、平门、齐门、娄门、匠门、蛇门和盘门，而且又都是水陆城门。如今保留得最好的是盘门，已成为古城一个重要名胜之地，也是全国至今保留得最好的水陆城门。

按照现代人眼光，或许有人会讲，这城当时为啥就不再造大一些？我想这一方面可能是与当时人们的眼界有关，他们不可能想得到

2500多年后的发展。更主要的是那时建造诸侯国都城的大小规模也都是有着明确规定的，而且形式通常为两种，一种是方形棋盘式格局的，还有一种是自然型布局格式的，大多依山而筑。苏州城即为前一种类型。这一点倒不像如今一些城市的头头，只要有主观愿望，再加上有空间，基本上就是一拍脑袋，不怕造不大，就怕想不到。据了解，吴国都城的规模在当时春秋诸侯各国中，属于中等偏上，它大于鲁国曲阜，但小于齐国临淄，而与楚国郢都相近。

自吴王阖闾建大城起，苏州城的形制大多记载只见于文字。而比较形象直观的平面图，则是到了南宋绍定二年的1229年才问世。这还真要感谢当时的知府李寿朋先生，也许他懂一点规划，也知道给后人留点什么。因此在他主持苏州城大规模整治修建后，便马上叫人绘制了一幅平江府城的平面图，并专门请来吕梃、张允成、张允迪等人雕刻在石板上，也就是至今保存完好的现在存立在苏州文庙（碑刻博物馆）内的《平江图》碑。这张《平江图》，真实地描绘了苏州城址位置，城郭形制、城垣宫室、河道桥梁、庙宇寺观、街坊市井、住宅园林等全城的布局情况。这里的平江指的就是苏州古城。

苏州的名称随着朝代变更也有过一些变动。秦统一六国后，在吴国故都设置吴县，属会稽郡所辖，到汉代称吴郡。隋朝开皇九年（589）灭陈后，吴郡被废改为苏州。苏州大名就从此开始。到宋徽宗政和三年（1113），苏州称为平江府。而至明代朱元璋攻克平江后又改称为苏州府。

让后人意想不到的是，现在的苏州古城若与《平江图》上对照一下，则完全相符。这在国内外恐怕都是十分罕见的。在城市建设史上这《平江图》也可以说是最早、最完整的城市规划图之一。

大家知道，世界上每个城市都有其成长兴衰以至消亡的过程，但像苏州城这样在同一个位置上，生了根似的存在了2500多年，这是绝无仅有的。那么这究竟是为什么？这里是不是有着什么科学原理或是别的什么原因？我时常会想着这个问题，可就是不得其解。

不过，有那么一天，当我读了一篇文章后，才茅塞顿开。这篇文章的署名为周干峙，是两院院士，全国著名的城市规划专家，曾当过国家建设部副部长，还是我们苏州人。据了解，他对苏州古城的保护进行了长期跟踪研究，他得出的结论是：苏州古城之所以能传承到今天，最根本的是有着科学的城市规划和卓越的城市建设，这种科学性主要反映在以下几个方面：

一是苏州的城址选择，居吴越之要冲，选中了太湖平原中极优越的地位，占了极有利的地理条件。二是有区域社会经济基础，城市和农村能够相辅相成。三是有先进的水陆交通系统，保存了城市的活力，特别是城内有着完美的双棋盘的交通网络。四是有一个有水利而无水害的河道系统，使城市不乏水源，带来能源。五是充分利用当地建筑材料，形成特有的青砖、粉墙、黛瓦的建筑艺术和园林艺术。六是城市和风景相结合，环境条件好，具有生活的吸引力。七是城市规划周密，综合了各种要素，适宜于人们长期使用，宜于“添砖加瓦”，而毋需“改弦更张”。

对此，我是反复琢磨，越琢磨越觉得有道理，周干峙不愧是城市规划大家，若把握其精神实质，在我看来，苏州古城历经2500多年，城址一直未改，而且依然能那样充满生机，归结到一点，就是在当年古城的总体规划设计中，一切从苏州“水乡”的实际出发，牢牢扣住水是一切生命之源这一根本，因地制宜，因水利导，从而为古城谋划出“三纵四横一环水”的水系，进而布局出便于交通、方便生活、利于排泄的“水陆并行”、“前街后河”的“双棋盘”城市格局。这水系还与城外京杭大运河、太湖互为贯通，编织成一个大的水网循环系统，以至源源不断、生生不息。

正是有了水的千年滋养和浸润，这城市也越来越聚集人气，越来越繁荣昌盛。而人类的物质文明与精神文明又从来都是互为因果、相得益彰的。苏州古城经济的蓬勃发展，也哺育并推动了吴文化的不断成长，并逐渐形成了包括建筑、园林、昆曲、评弹、工艺、丝绸、美食、书画，乃至服饰、礼仪、民俗等等多姿多彩的与天堂苏州相适应的文化特色，成为社会宝贵的精神财富。

苏州古城如同其他城市一样，也曾饱受过战乱和自然灾害的无情摧残。这样的记忆，光从战争来讲也不下上百次，而最让人刻骨铭心的就有那么好几回，它们分别是南宋建炎三年（1129）金兵南下，还有是清咸丰十年（1860）太平天国战争。那可是一次比一次惨烈的毁灭性之灾。然而，即便如此，因为古城的水系还在，古城的格局还在，古城的城址还在，古城的文脉还在，古城的宜居环境还在……以至战后古城很快就得到了恢复和发展，而且每一次战后更激发人们向往美好生活，更注重城市的建设和完善，并日趋形成具有自身特色的城市个性和风貌。

由此看来，水系对一座城市的传承发展是多么的重要。这不要说在国外，就是在中国，城市因缺少水的呵护，或是被迫迁徙，或是自然消亡，自古以来举不胜举。大家可能还记得，在汉唐我国新疆有个高昌国吧，当时也可谓是西域一个十分繁华的都市。可后来最终因常年干旱，缺少雨水，无法生存，如今仅存了一个供人们凭吊的遗址而已。十几年前我曾专门去那儿寻访，目睹着那场景，不由得让我这个从小就生活在苏州水乡的人儿百感交集，思绪万千，一个“水”字，看似那样平常，甚至没当一回事，可她无不与人与物紧密相连，生死悠关。

2500多年后的今天，每当我漫步在苏州古城里，看着那水巷里淌过的涓涓水流，总会情不自禁地想起这古城的总规划师伍子胥来。都说城市让生活更美好，城市是人类文明的一种集中表现，从这个意义上讲，伍子胥不仅给天堂苏州留下了一个美好的古城，更为人类留下了一份极其宝贵的科学建城的文化遗产。其实苏州人也早就把伍子胥载入了历史的丰碑。

2500多年来，时间在不断地冲刷着记忆，可苏州人对伍子胥的怀念却愈来愈强烈。到目前为止，专为纪念伍子胥而建造的祠堂、碑刻就达十多处。每年4月，伍子胥的后代们都要相聚在苏州进行祭祀活动。而如今在苏州古城胥门外的护城河畔，高高耸立着的用花岗岩雕琢而成的伍子胥石像，就是当代苏州人对伍子胥的一种永恒的缅怀和纪念。

苏州古城有今天，有一点我们也是不能忘怀的，那就是多少年来，古城一直得到了上至党中央下至市委市政府的高度重视，还有一批有识之士的关注和呼吁，否则后果就不堪设想。这倒不是危言耸听，大家只要作一对比，看看这些年在城市发展中一些古城遭受的不幸，就可想而知了。

由于种种原因，到“文革”结束，苏州古城一直没有得到很好保护，文物古迹损毁也十分严重。“美丽的园林，破陋的城市”就是她的真实写照。而这时幸亏有位名人出来说话，他就是上海同济大学教授、全国著名园林大家陈从周。那一次他来到苏州，目睹着眼前的一切，竟然发出了“救救苏州”的呼声。紧接着1981年10月17日，时任全国政协常委、中共中央党校顾问吴亮平，南京大学名誉校长匡亚明来苏州实地考察古城，感触更深，并立即向中央呈送了题为《古老美丽的苏州亟待抢救》的报告，并受到了中央领导的高度关注。

邓小平首先作出批示：“此件转江苏省研究，采取有效措施，予以保护。”在此后不久，小平同志来到苏州调查研究，他在察看苏州市容时，再三叮嘱“要保护好这座古城，不要破坏古城风貌，否则它的优势也就消失了，要处理好保护和改造的关系，做到既保护古城，又搞好市政建设”。时任国务院副总理万里也指出：“要把苏州这座世界上少有的，极富有特色的历史文化古城，规划好、保护好、建设好。”

从此，苏州古城的保护出现了曙光。1982年苏州古城进入全国第一批历史文化名城名单。1986年苏州制定出了古城保护规划，并按规划组织实施。而在这以后，苏州又先后抓住苏州古典园林申遗以及世界遗产大会在苏州召开之机，加大古城保护力度，相继有步骤地实施了“十大工程”，比如“十全街改造工程”、“干将路综合改造工程”、“观前街综合改造工程”、“环古城风貌带改造工程”、“古建老宅修复工程”、“古城墙修复工程”、“古城河水治理工程”以及“街巷小区改造工程”等。

苏州古城之所以保护得比较好，按文化学者汪长根的看法，很重要的是把握了五个重要环节：一是重点保护。在整体保护的前提下，对古城内的重点地段、重点建筑进行严格保护和修复。二是适度更新。在不改变整体历史风貌的情况下，对一些建筑进行更新。三是注重改善基础设施。如停车场、公共卫生间、垃圾筒等。四是保持原住居民。原民居是历史街区的得以活态保护的关键。在疏解街区人口密度时有计划保留适当比例的原住民。五是保护“非遗”文化。使其民间工艺、传统艺术等在历史街区得以展示、延续和开发。

在这过程中，有一个人给我留下了特别深刻的印象，他就是徐刚毅，曾当过市地方志办公室主任。他似乎对古城保护有一种无法割舍的情结。记得十几年前，当他得知古城老阊门、西中市要拆迁改造，而且规划已通过审批后，他心急如焚，立马给苏州市委市政府主要负责人写信，呼吁对阊门、西中市进行保护，而不是简单地拆除，建商品房等。也正是在他以及其他一些人士的不断奔走据理力争下，使之原来的改造方案进行了很大调整，最终重修了阊门，修复了西中市，确保了古城历史风貌的传承。

这三十多年来，尽管苏州古城在全国古城大拆大建的浪潮中也受到不小冲击和影响，甚至也有过一些不同声音，但最终苏州没有动摇，还探索并走出了一条具有国际理念、国家水准、苏州特色的历史文化名城保护和复兴的新路子，受到国内外专家的普遍肯定和赞誉。联合国科技文化组织干事博科娃2012年5月在苏州访问时，对此作出了高度评价，概括成一句话，就是“让苏州经验与世界同享”。

就连平时不轻易说出赞美之词的全国历史文化名城保护委员会专家阮仪三，也终于开了金口。他在接受记者采访时如实地说：苏州古城的保护是全国最好的。一方面是保护了原来的空间轮廓，高度控制住了，基本形态也就控制住了，所以苏州还保留着小桥流水人家的风貌。另一方面尽量地运用苏州各种各样的元素，这个元素就是艺术性，譬如说瓦檐、屋顶、窗楣、比例、尺度以及细部的一些格局，体现出了苏州自己城市的特点。

说到苏州古城的风貌特点，恕我直言，要摆在二三十年前，我真没有什么感觉，也许是长期朝夕相处的缘故，可谓熟悉的地方没风景。也许是那时年纪轻阅历浅，对这方面了解甚少，一片茫然。可近些年，到外面去的地方多了，包括国外，这走一走瞧一瞧，再回过头来看看苏州古城，尤其在全国各地几乎是“城市不分大小，地方不分南北，千城总是一面”的情况下，我在不经意的比较中，就像当年哥伦布突然发现了美洲新大陆似的，不能不心潮澎湃，不能不感叹：如果人们印象里还有那么一点点中国传统古城风貌的轮廓，还有那么一片片看得见摸得着的江南民俗遗风，还有那么一丝丝让人瞥一眼就觉得有着自己城市个性和风格的话，那可能就是苏州。我不能说在中国苏州古城是唯一的，但至少至今我见得不多，当然可能是孤陋寡闻。并且我还坚信，随着时间推移，苏州古城也将会愈发彰显出她那深厚的历史文化价值，并愈来愈受到现代人的青睐。

也许有人会说，那云南的丽江、山西的平遥古城保护得不是也挺好吗？不错，应当看到，在某些方面他们还有过人之处。但若从整体上来考量，无论是建城的时间、规模、文化积淀，以及所处的地理位置，都是无法和苏州古城同日而语的。丽江确实很有特色，还被称为高原姑苏，我曾去过多次，可她毕竟是一个边陲的小城，严格地讲是一个镇，只有3个多平方公里。与此相关的交通、出行等诸多方面相对也好解决。平遥古城保护得也挺不错，遗风犹存。可在我看来，似乎摆设的成分多了些，就像景点那样，总缺那么一点日常生活的气息和味道。

又有人可能会拿苏州的近邻绍兴来说事，就是那个春秋时代曾与我们苏州吴国刺刀见红，你死我活的越国都城会稽。我无意对它评头论足，说三道四。不过我也用不着避讳有话直说，不说她的建城历史比苏州晚了24年，也不说她的古城规模比苏州小了5个多平方公里，就看她现在的古城，就因前些年在古城中心地带建造了好几栋摩天大厦，实在大煞风景，使之风貌彻底破坏。尽管我内心一直挺喜欢绍兴这座古城，这里有着众多而又深厚的人文。

说起他们的名字，可谓是耳熟能详，记忆犹新。古有王羲之、王献之、嵇康、谢安、贺知章、陆游，今有秋瑾、鲁迅、周恩来、竺可桢、蔡元培、马寅初、范文澜等等。可正因其古城风貌遭到了不幸，因此总让我对她有一种莫名的悲哀。有时我就想：要是绍兴古城没有了那突兀的现代大厦，那该多好。甚至我还曾冒出过充满浪漫梦幻的念头：苏州、绍兴这两个曾作为吴国越国都城的地方，要是在2500多年后的今天，能强强联手，一起推出“吴越春秋两地古城游”项目，共同展示历史文化的古城风貌，那该是一件多么有意义的事，又是一件多么耐人寻味的事。

说了老半天，那么苏州古城风貌究竟有些什么特色呢？都说耳听为虚，眼见为实，那就让我们把目光共同投向苏州古城，好好一睹她的容颜。

当你远远望见苏州古城，当你漫步在她的街街巷巷，尤其是当你从那充满现代化气息，高楼林立的都市来到这里，你会猛然发现，自己就像走进了历史，就像回到了从前的江南，这里的古城风貌与其他地方有着截然的不同，对这样的感觉，我把她归纳为三个方面：

一是在空间高度上。如今东西南北，要见高层建筑，不要说大都市，即便是在县城乃至乡里村上也不是什么稀奇的事。这几年甚至还出现了一种倾向，就是喜新厌旧造高楼。在一些城市，不管是古老的还是别的什么，统统都要拆旧建新，而且愈造愈高。似乎谁的城市造得愈现代愈新愈高大，谁就愈有能耐，政绩就更不用说了。至于合不合适，是否与当地历史文化相吻合，是否符合城市审美格调，大概都是无关紧要的。现在回过头来再看看，便不难看出，在一些地方，什么城市个性，什么地域特色，已经荡然无存。然而在苏州古城，单就房屋的建筑高度，你可能不会想到，通常都保持在四五米和七八米上下，房子大都是尖顶斜坡面的，一般都是二三层的样子，也有一些是四五层的。据了解，早从1986年苏州古城建城2500周年之际，苏州古城保护规划就制定了一条空中红线，所有建筑物限高在24米内。在我看来，这一条规定不仅制定得好，更令人敬畏的是执行得到位。多少年来，无论哪位来苏当父母官，大家都能按规定去做，未敢越雷池一步。当然在苏州古城里也不是绝对没有超过24米高度的建筑，不过那是合法的，也是合适的，那就是历史上延续下来或修缮过的一些文物地标，如北寺塔、双塔、瑞光塔等。

因此当你走在苏州古城里，注定不会像在其他城市，时常会被遮天蔽日的高楼大厦所笼罩着，就像在北京、上海、广州那样，总有一种喘不过气来的压抑感。其实在这一点上，我们的古人是真正以人为本的。之所以把房屋的高度和街巷的宽度定格在现在人们见到的尺度上，一个重要因素就是从人与其比例的适度上去考虑的。实践证明，这种比例是最宜人的。所以如今你走在苏州的古城里，既没有仰望之疲惫，也绝无快速穿越马路之紧张，一切均可从容自在，轻轻松松。这恐怕也是在其他城市很难享受得到的。因为城市是让人用来日常生活的，是天长日久的，也是实实在在的，而绝不是为了炫耀什么。

二是在视觉色调上。这里很少见到像北方一些城市那样的大红大绿，也没有大片大块刺眼时髦的玻璃幕墙，更没有稀奇古怪的异国风情。唯有的是人们最熟悉不过的“灰、白、黑”，或是“素、雅、淡”。大部分建筑外墙，不论是过去的还是现在的，基本都是这种色调。而就是这种色调恰恰成就了苏州古城独特的风貌。文人墨客给她起了一个文绉绉好听的名词，叫粉黛色。又因色调与中国画相似，所以画家们又称她为水墨色。而在我眼里，她就是由苏州自己所创造的一种颜色，我把她叫作水乡色。

看那粉墙，日月更替，树藤投影，风雨留痕，年月斑驳，一切都留下了记忆，而且变幻莫测，奇妙无穷。再看那黛瓦，除了阻挡风雨驱寒保暖外，她在人字形的屋面上常呈现出特定的弧度，总给人一种似音乐旋律般的美感。这粉墙黛瓦，可谓是一白一黑，一明一暗，简洁大方，天生一对。另外这房屋的门窗框及屋檐挡板的装饰，大都又采用的是棕栗色。这一切看上去又那么相配、明了、朴素，其形态格调就是一幅硕大无比立体的江南水墨画，让人无不觉得这风貌是那么古雅亲切，又那么自然协调，还真有些平平淡淡才是真的感觉。

要是某一天，你登高远眺，最好能来到苏州古城的制高点——北寺塔顶端，若是在清晨或傍晚时分更佳，当阳光或晚霞以30度左右的投射角，亲吻在东侧面或西侧面的墙面，还有那波浪般的屋面上，那古城特有的古气古风古韵之本色，便会被透射得格外淋漓尽致而光彩夺目。若是再碰上一场冬雪，那古城江南水乡的皎洁柔和之美，更是别有一番风味。

三是在城市格局上。在这儿看不到时下很多城市都热衷的大广场、大湖泊，还有那大街道大马路。这里的古城仍然保持着多少年前传承下来的“水陆并行，河街相邻”的双棋盘格局，而且还有环城河把她紧紧地围绕着，呵护着。这里最主要的是一个“双”字，她也是苏州古城和其他“棋盘式”城市的根本不同之处。这一特点在现有的102个国家历史文化名城中是独一无二的，她也充分体现了苏州古城的个性。

这里的街道、马路不是很宽，除了纵横主干道人民路、干将路外，一般都只有十几米。这里的巷子就更窄，基本在三四五米，有的甚至只有二三米，古城里目前还留着一千多条长短不一的巷和弄，她们大都还有着一个个文雅的名字，什么一人弄、二郎巷、三茅观、四亩田、五龙堂、六步街、七道湾、八宝街、九曲里、十间廊屋。这里还有着那么多刻着历史记忆，沾着文化墨香，带着往日无数迷人故事的街巷，比如专诸巷、锦帆路、枣市街、书院巷、学士街、文衙里、三元坊、濂溪坊、叶家弄、朱家园、潘儒巷、养蚕里等等。

这里众多的水巷也是风情万种的，要不唐代诗人杜荀鹤绝不可能留下如此生动形象的美妙诗句：“君到姑苏见，人家尽枕河。古宫闲地少，水港小桥多。”还有唐代大诗人白居易更是直抒胸臆：“绿浪东西南北水，红栏三百九十桥。”过去在苏州城里，因为街巷与河道是平行的，所以不少人家往往是前门是街巷，后门是河道，前门走路，后门可以用来坐船出行。历史上，古城是水巷悠悠，总长度达到82公里，桥314座；清末有河道58公里，桥241座。现在河道35公里，桥

168座。也是全国河道最长、桥最多的水乡城市，有着“东方水城”之美誉。

通常情况下，苏州临水而居的人家，大多居于中下层，许多房子都是楼上住人，楼下开店。至于大户人家，一般都住在小巷深处比较隐秘一点的地方，或高墙林立，或庭院深深。有位朋友还告诉我，若要区分徽商富家和苏州大户人家有什么不同，最简单的方法就是看他们的门楼布局。通常徽商的砖雕门楼是朝外的，在大门外就能看得见，而且是坐北朝着南，显得很富有、很阔气。相反苏州大户人家的砖雕门楼，在外面是看不见的，只有进了大门回头才能看到，她是朝北的。从中也可以看出，苏州人家即便有钱，也都比较低调内敛的，这可能就是长期以来形成的一种习惯或是教养。

由此，大家可以细细思量一番，上述三个方面组合在一起，这苏州古城将呈现出怎样一种情景？其实这一点也用不着去想象，还是那人们已经十分熟悉的话儿：粉墙黛瓦总相宜，小桥流水是人家。再深一步便是：杏花春雨江南，昆曲园林佳人。可以这样说，苏州古城就是一个放大了的苏州园林。但在我看来，对于像苏州这样的古城，一座有着2500多年历史的古城，或者说至今还保存得那么好的古城，仅仅从一般意义上去认知是远远不够的，唯有把她放置在华夏文明五千年的历史长河中去考察，你才能感受到她的价值所在，你才会知道她的博大精深。

因此在我看来，也是我多年来一直持有的观点，这是当代一座最像中国的城市，她的整体布局，她的建筑风格，她的风貌格调，她的人文氛围，她的水乡特色，她的自然形态，无不展现出中国传统文化思想的核心内涵：天人合一。都说中国是一个有着悠久历史的东方古国，都说华夏有着璀璨的文明，据说许多外国游客就是冲着这来的。然而当他们来到中国大地，走遍天南海北，时常多多少少有点遗憾，似乎所到之处与教科书上说的相差甚远。

可有那么一天，当他们来到了苏州，当他们走进了古城，便突然发现，原来这里就是他们要在中国寻找的地方——不能说尽善尽美，但毕竟让他们寻找到了一点他们所期待的样子。在苏州古城，每一个元素，每一处细节，都会让他们产生对中国历史的敬畏，对文化的惊讶，对民俗的了解，那围墙、漏窗、爬山虎，那天井、井栏、盆景，那假山、亭子、门楼，那昆曲、评弹、工艺……无不引人入胜。

好几位后来和我熟悉的外国朋友就亲口对我说，在苏州古城，看到了你们过去的生活，在中国要是多一些像你们苏州这样的古城那该多好。也许在外国人眼里，唯有在此才能触摸到一点千百年来中国文化流传至今的余温。曾记得土耳其诗人纳齐姆·希克梅这样说过："人的一生中，有两样东西是永远不会忘记的，一是母亲的面孔，二是城市的面貌。"

确是如此，岁月也许会冲刷记忆，时间也会把过去淡忘，但我想，在中国，如果真有几座具有特色或个性的城市能让你挥之不去，别的城市我不敢说，但苏州这座古城肯定是其中之一，要是苏州古城也可忽略不计，那么，人们大概再也不需要什么城市记忆了。

如果说，前面我们讲的苏州古城总体还比较笼统，也有点写意宏观，那么下面我们就再深入一步，从微观层面来具体化。这些年，在苏州当地就流行着这样一种说法，叫作千年古城看平江。显然这平江就是目前最能反映古城历史风貌的一个地方，现在被称为历史文化街区，就在苏州古城东北一带。

从地形图上可以看到，她南起以春秋铸剑名匠干将名字命名的干将路，北到白塔东路，西傍临顿路，东到环城河，占地相当于古镇周庄面积的3倍。整个街区内，现在分布着20多条街巷，还有纵横交叉的五条河道。

其实这“平江”还有一种约定俗成的叫法，在很多人眼里，她指的就是一条南北向的平江路，全长1600多米，是南北向的，贯穿整个平江历史街区。紧挨着平江路的西旁边就是平江河，是典型的水陆并行。

如今人们来到这里，通常是从南边入口，沿着平江路平江河一直朝北走，可尽兴地观赏品尝着两旁的一切。那么当你行走在这里会有一种什么样的感觉呢？形象地比喻，就像2010年在上海世博会上，通过巨幅数字影像方式播放的《清明上河图》画卷那样，北宋时代汴京的繁华风情，被现代数码高科技活龙活现地“复活”了起来。然而在这里却全然不需要任何高科技支撑，一切都是现成本色的，你就像回到了从前。那么她给大家最明显的感觉又是什么呢？在我看来主要有三点：

1. 在许多城市都把追求“高、大、新”看作时尚的今天，这里却依然保留着原生态似的古城风貌，这简直就是一种奇迹，这也是我对平江路最强烈的感受。而这种感受随着时间的推移，不仅没退化，反而与日俱增。也许有人会说十几年或几十年前，在我们江南的一些城市，类似的情景比比皆是，也是很普通的，没啥稀奇。没错，然而我要说，问题关键就在这儿，你是曾经拥有，那是昨天的荣耀，可这里却是依然如故。这就好比有人总说，过去我家名画好多好多，可现在你没有了，这道理是一样的，物以稀为贵，她的历史价值就在这儿。当然对这种价值的认知，人们也是通过这些年走了不少弯路，才慢慢领悟出来的。现在大家才明白，原来以前这种城市风貌格局不是随随便便轻而易举就能得来的。没有多少代人的实践、探索、总结、完善，是不可能形成这样的模样的。

要说苏州古城最为明显的特征，我把她概括为宜居生活、便利生活、和睦生活、舒适生活，还有诗意生活。从另一角度看，平江路是幸运的，她没有被卷入城市的大拆大建的浪潮，没有成为所谓政绩的牺牲品。

为此，我真要为那些年还是平江区的历任主政者说几句话，他们是清醒的，他们是有眼光的，他们更是理智的。尽管区里的领导换了一茬又一茬，但他们都能始终坚定着对古城平江历史街区的守望和承诺，那就是保护、传承、展示和利用。

如今走在这平江路上，便不能不产生一种穿越时空之感，一切仿佛回到了几十年乃至上百年上千年前。那平江河两旁参差不齐、错落有致的人家，那被风雨打磨得已经斑驳的墙面，那被行人踩踏得泛出光泽的长长石板路，那店前屋后天长日久相伴着的千年古树古藤，还有那河面上一座座古老而又精致的平桥拱桥……无一不在诉说着那过去的时光岁月，又让人感到了那么熟悉，那么温馨，那么久违。

在此我还要特别说的是，这里的原生态，还突出反映在人们生活的形态上。这些年在一些古城或古镇，为了搞旅游，竟然把当地的原居民来了一个大搬迁，美其名是为了创造一个更好的旅游环境。对于这种做法，我不敢妄加评论，但我总觉得，这样一来总缺少了一种原有的生活气息，使旅游者只见景点，不见生活状态。这就像我们有时拍照那样，画面上只有景色没有人。按圈内专业人士的话讲，就叫空镜头。而平江路则是比较好地保持了原有居民的生活现状。许多祖祖辈辈在这里生活着的居民，如今依然安居在这里。因为这里是他们的根，这里是他们朝夕相处的家，他们依然按着过去的方式生活着。

由此这样的情景你随时随地都可以见到：在早晨或傍晚，有的在忙着洗刷、做饭，有的上街买菜，有的则急于出门上班，有的正急匆匆下班赶回家。在节假日或休息时，这河道两旁更是一幅长长的市井风俗画卷，或是在家门口摆开小方桌，左右邻舍前来打牌搓麻将；或是几个老邻居老伙计一字排开，喝着茶抽着烟聊着天；或是几个棋坛高手，围着棋盘厮杀得难分难解；或是新郎新娘穿着礼服忙着拍婚纱照；或是一些小商小贩边走边叫卖着；或是一些小孩们正在空地上互相地追逐和玩耍……

这场景还被苏州一位有心的摄影爱好者缪剑雄用四年的时间，拍下了3万多张照片，然后精挑细选制作了一幅十米长卷，再现了平江路上的市井风情，其作品被刊登在2010年的《姑苏晚报》上，引起不小的轰动。缪剑雄是一个四十多岁的普通人，没有任何头衔。四年前他甚至没有相机，连傻瓜机都没有。就在2006年一个普通日子，他独自行走在这熟悉的平江路上，他仿佛回到了从前，他的家已经从这里搬出多年，可他的记忆又有谁能搬走？那古桥、古树、古井、古牌，他突然萌发一个念头，他想留下记忆，留下画面。于是，从那时开始的四年时间里，他总拿着照相机常常奔波在这里。从此，平江路的风土人情、文化历史被他永远定格。

由此，我时常在想，多少年来，这苏州古城之所以依然充满生机和活力，之所以一代一代传承下来，这祖祖辈辈一茬又一茬在这里过着日子的人们，便是其源源不断流淌的血液，古城因她而灵动，因她而滋润，因她而永葆青春。可以想象，古城里要是没有了原居民的居住和生活，那又会是怎样一种模样？

2. 在繁荣喧闹的都市里，这儿竟然还有着世外桃源般如此恬静的地方，那是众多的游客们做梦也不曾想到的，可她就是那样似乎无声无息地藏在这里。游客们要是从平江路南端的干将路上进入，顿时便会产生一种恍如隔世之感。因为反差实在太大了，一闹一静，如同冰火两重天。干将路是一条东西走向的横穿古城区的主干道，也正因是主干道，所以车流量相当大，时常过个马路也要等上好一会。在你的耳边除了不绝于耳呼啸而过的汽车声，就是鼎沸的嘈杂之音。在这样的环境里，除了烦躁，别无选择。

然而你说怪不怪，当你的脚步从这里拐进平江路，便立刻感到仿佛来到了另外一个天地，是荒无人烟的小岛，还是空旷无边的山林？怎么就像与世隔绝似的，那么幽静，那么空灵，你的整个身心也会不由自主地融入进去，并一下子放松下来。这就是很多人来到平江路上的一种感觉。

假如你来过了一回，保证下一次还要来。这其中就有我一个。也许我对平江路的这种感受太深太好了，以至我常常有事没事都要来这里走走看看，有时甚至根本没有任何目的，就是来走上一回，感受一下这里的氛围。或是独自一人，偶尔也叫上几个朋友。于是这样的场景不时出现：或是当晨曦的薄纱还在平江河上弥漫，或是在春雨霏霏撩人心扉之时，或是冬日的阳光特别让人感到温暖，或是月色撒落河面溅出淡淡思念之际……那时那刻，总有我和我的朋友在这里，或是漫步，或是小憩，或是聊天。每年我总少不了要来上七八回或十几回。有人曾调侃我，说我有点发痴了。我说那是，我愿意。因为在这里发呆特舒心，也是为了让我那颗时常浮躁的心可以找到一种安顿。大家也可以比较，在都市里，如今哪还能找到比这还要清静而又悠闲的地方呢！况且她又在市区，来一趟也用不了多少时间，现在交通又很方便，到这里还不要门票，这又何乐而不为呢！

此外，凡到过这里的人都有一种感受，这里从不拥挤，也不现代，商业味也不重。即便有些商店也大都是富有特色和文化类的，比如书店、古玩、字画、刺绣、玉雕、咖啡、茶室、小吃、饭店、客栈。据了解在平江路上开店是有严格规定的，因为这里有着明确的定位，就是要展示古城历史街区风貌，让人们在悠闲自得中慢慢品尝苏州特有的味道，从而避免了在很多旅游景点时常出现的商店大同小异，商品相差无几的尴尬局面。

从一定意义上说，这里更多的是让你用眼睛来看的，用心灵来感觉的。即便要购买一些纪念礼品，也都是带有地方特色和文化色彩的。难怪无论是苏州本地人还是外地人，都喜欢来这里潇洒走几回。

曾记得有位网民在微博上就这样写道，要说苏州平江路，大概也是最普通不过的了，可在我心里却又不普通，因为她既是整天忙碌的人们很好放松自己的场所，更是现代人心灵坦荡回归的静谧港湾。是的，因为这里宁静，你的心会放平下来；因为这里悠哉，你的脚步便会放慢；因为这里无忧，你会把许多事情想得很开很开；因为自在，你又会突然领悟到原来人生本来就该这般。

3. 当你行走在平江历史街区，尤其是穿梭在一条条巷子里，便有一种扑面而来的强烈的人文气息，连呼吸的空气里都是，想挡也挡不住。也许这就是苏州千年古城之底蕴，却又从不显山露水，总喜欢藏在小巷深处。说了你可能不信，就在这小小的区域里，竟然有世界文化遗产一处，全国重点文物保护单位一处，江苏省文物保护单位一处，苏州市文物保护单位六处，市控制保护建筑四十四处，古桥十三座，古牌坊二座，古井二十余口。这些都是你看得见的，还有那些看不见的呢，恐怕更多更多。可以这样说，在这里你随意拐进一条巷子，那就注定要与历史相会，与名人交谈。

在苏州说到历史上两大望族，“贵潘”和“富潘”，恐怕无人不晓。清代时他们就分别居住在平江路两边的巷子里。“贵潘”一支在河西的钮家巷凤池园，他的杰出掌门人就是大名鼎鼎的状元宰相潘世恩。他的身世非同一般，先后经历乾隆、嘉庆、道光、咸丰四朝，深得四位皇帝恩宠。传说潘世恩出生前夜，祖父潘冕梦见一只玉麒麟自空而降，落于潘家庭院，随即化为婴儿，仿佛显他一生腾达之先兆。潘世恩参加童试时，吴县知县李昶亭见他“器宇端凝”，就将他“拔置前席”，出对云：“范文正以天下自任”，潘世恩即刻对出：“韩昌黎为百世之师”。李县令又出横批“青云直上”，潘世恩又对“朱绂方来”。李县令听后连连说：“此童子将来必定富贵。”

果然不出所料，乾隆五十八年（1793），潘世恩殿试夺魁考中状元，从此好运开始。嘉庆四年（1799）提升内阁学士，后又任礼部、吏部侍郎等。嘉庆十七年（1812）起，晋升工部、吏部尚书。到了道光十三年（1833）后，更是扶摇直上，官至军机大臣、武英殿大学士加太傅衔。咸丰二年（1852）是潘世恩中举六十年，他又被特邀参加“鹿鸣宴”。这是当时朝廷对曾中举又高寿者的一种特殊荣宠。咸丰三年（1853）癸丑科会试时，他又被特邀出席朝廷举办的“琼林筵宴”，咸丰皇帝特赐予并亲书“琼林人瑞”四字匾额，以示荣宠。

值得一提的是，当时主持会试的是他第三个儿子礼部侍郎潘曾莹，这是科场少有的盛事，一时被传为科场佳话。同时对其三个孙子祖同、祖荫、祖保分别赏给进士、翰林院侍读、举人，并恩准祖同、祖保同年分别参加殿试、会试，这在科举时代可谓“殊荣”了。咸丰四年（1854）潘世恩谢世，被授谥号为“文恭”。

这里更值得一说的是其孙子潘祖荫。他自幼好学，特别精通经史，咸丰二年（1852）他殿试中得探花，到光绪年间官位升到刑部尚书、军机大臣。他业余时间有一个爱好，喜欢收藏青铜器，甚至有点痴迷。痴迷到什么程度？可以说不惜倾家荡产，也正因他的执着，他还真收藏了不少国宝级文物。大克鼎、大盂鼎、毛公鼎，是大家都知道的最为出名的三件西周青铜重器。前两件就为他收藏。1890年，潘祖荫去世后，包括这两件在内的文物珍品，由他弟弟潘祖年运回苏州，藏在南石子街旧宅里。在抗战的沦陷期，曾先后有七批日本人前来搜宝抢宝，幸亏潘氏后人潘达于将宝深埋地下，才免遭劫难。新中国成立后她还主动捐赠给国家收藏，现在这两件宝贝分别被上海博物馆、国家博物馆收藏。

在平江路东边卫道观前1–8号礼耕堂，就是富潘大宅，这是一座清朝前期的建筑。主人为徽商潘麟兆，在苏州是一个富甲一方的人物。礼耕堂一共五落六进，虽历经二百多年，但至今保护得还挺不错，尤其是它的八座砖雕门楼，雕刻精致保存完好，凡来观赏无不留下深刻印象。有人还常说，北有山西乔家大院，南有苏州礼耕堂。由此可见，她在人们心中的地位有多高。

在平江路东边还有一条巷子，光听一下名字，就够诱人了，那就是“丁香巷”。提到这条小巷，总让人联想到那首充满浪漫的现代诗《雨巷》：

撑着油纸伞，独自
彷徨在悠长、悠长
又寂寥的雨巷
我希望逢着
一个丁香一样地
结着愁怨的姑娘

她是有
丁香一样的颜色
丁香一样的芬芳
丁香一样的忧愁
在雨中哀怨
哀怨又彷徨

她彷徨在这寂寥的雨巷
撑着油纸伞，

像我一样
像我一样地
默默彳亍着
冷漠，凄清，又惆怅
……

其实，据说诗人戴望舒写此诗前从未来过苏州，也未听说过苏州古城平江有这条巷子。可就不知为什么，人们只要一说到《雨巷》，便总会把她与苏州的这条丁香巷自然而然地紧紧连在一起，这大概就是文学所产生的那种特有的艺术感染力吧。看来这情感的事儿，常常未必都需要来得那么太真实、太客观、太具体，有些恐怕更适合于用思念用悲伤来缠绵。文化这东西时常总是这样或那样地藏着或掖着，从中我们也可以看到，只有当某一天，你触动了她，她才会让你充满无限的遐想和美好的幻想。

另外，在这小巷里不但有古人的传奇，自然还有着近代一些人物的故事。如国学大师钱穆，著名教育家叶圣陶，著名历史学家顾颉刚，古籍版本目录学家顾廷龙，中科院院士顾翼东等等一大批名人都是从小巷这儿走出去的。在此就不一一列举了。

是的，在我眼里，苏州古城就是天堂里的最大宝贝，也是全国不可多得的宝贝。天堂，因她而更加魅力无穷。

第四讲 自古文盛出状元 崇文重教代代传

苏州这地方过去为什么会出那么多状元？以后的院士又让人惊讶。都说苏州一度好勇尚武，可后来怎么就像换了个人似的，这其中发生了什么？再说那么多状元院士在历史上到底有过怎样的建树，又给社会带来了哪些影响和变化？

都说一方水土养一方人，这话一点也不假。假如把天堂苏州比作一个大庭院，那么在她的大门口准会贴上一副大红对联，上面赫然写着十四个字：自古文盛出状元，崇文重教代代传。这样的对联，可不是哪个地方都可以随随便便贴的，这绝对是需要资格的。在我看来，在中国大概苏州可算上一个。为什么呢？

现在我给大家出道历史题，问中国历史上哪个地方出的文人最多，了解一点历史的肯定会毫不犹豫地抢答，苏州。没错，猜准了。因为在中国的教科书上就那样清清楚楚地记录着，自唐朝至清末，全国共出文状元596名，武状元115名，苏州一地共出文状元45名，武状元5名，分别占总数的7.55%和4.35%。再以清朝为例，大清历时近300年，共出状元114名，江苏49名，苏州府共出状元26名之多，占清朝全国总量的22.81%。到了康熙年间，苏州的文人更是了不得。康熙在位61年，全国共出状元21名，其中11个出自苏州府。你说说这怎不让苏州人感到自豪和骄傲。由此可见，“全国第一”、“状元之乡”用在苏州身上是名副其实的，也是不能不令人折服和羡慕的。

其实让人折服和羡慕的不仅仅是那已过去的苏州状元之荣耀，我还要告诉大家，当今的苏州又出现了同样使人惊讶无比的“院士之乡”。据最新统计，在现有的中国科学院、中国工程院两院院士中，苏州籍的就多达112人，你说神不神。

面对这种现象，大家即便不去刻意联想，恐怕也会自然而然地想到这样一些问题：苏州这地方过去为什么会出那么多状元？后来又出现了那么多院士？不是说苏州人过去曾一度“好勇尚武”，动不动就舞棍弄棒，拳打脚踢，可到后来怎么就像脱胎换骨变了个人似的，这究竟是怎么回事？还有苏州出了那么多状元，那么多院士，他们到底有哪些建树？给苏州的社会民风又带来了哪些影响？

为了便于大家对上述情况有一个基本了解，我们就先来对中国的科举制度作一简要的回顾。

所谓科举，就是中国古代读书人参加的一种考试制度。再具体一点，就是历代王朝通过统一公开考试选拔官吏的一种制度。这有点像如今的国家公务员录取考试。说起科举，它在中国曾风风光光地走过1300个春秋。一种制度在一个国度里，持续那么长的时间，这在人类的历史上恐怕也是不多见的。它就像一个谜团，令历史学家也一头雾水，不得其解。由此这不能不说是中国的一大奇观。它创立于隋，规范于唐，完备于宋，鼎盛于明，终结于清。

在这之前，中国选拔官吏通常采用的是“九品中正制”。它源于魏晋。所谓“九品中正制”，这“中正”，指的是做官的标准主要看你的家世、道德、才能三方面。这九品就是把符合“中正”的细分成上上，上中，上下；中上，中中，中下；下上，下中，下下九个等级，以此作为授官大小的依据。客观地讲，这一制度在魏晋历史上曾起到过比较好的作用。但随着时代发展，它的弊端也越来越多地显露出来。最大弊端，就是“门第观念”。换句话说，这选拔官员的，主要看你出生的家庭背景，你的血统来自何方。要是你出身名门望族，你家历朝历代都是有权有势的，你这官就当定了，至于那道德、才能仅仅是说说而已。况且这道德、才能的判别有很大的主观色彩，随意性很大，也没法衡量。

这样的情况，我们这代人大概也都经历过。就像“文革”后期，也有过推荐工农兵上大学的。那说起来也是有标准的，但最终还是看你的家庭后台硬不硬，若你父母或其他人都是有职有权的，那你上大学就没问题，否则就只好名落孙山了。因此，早在魏晋那时，便有了这样的流行语："上品无寒门，下品无世族。"在那个年代，即使你才华横溢，浑身都是本事，但因为你家庭贫寒，出身低微，对不起，那你就靠边站吧，趁早断了那走仕途当官的念头。

当然，历史有时也不是随便可以摆弄的，尤其是这涉及千家万户人生前途的大事。这种"中正"选拔人才的做法，后来遭到了民众强烈的反对和不满，也引起了朝廷的高度关注，并着手解决这一棘手问题。到隋朝开皇七年（587），隋文帝终于废除了"九品中正制"，并首次规定采用考试方法选拔官吏。隋炀帝继位后，又在大业元年（605）开设进士科来选取"进士"。这"进士"源于《礼记·王制》篇，意思是可以进授爵位的人。考试主要是考时务策，就是有关当时国家时政方面的议论文，也叫试策。这种以试策取士的方式，在那时尽管属于尝试阶段，还没完全形成制度，但在历史上它终究第一次把人们的读书、考试和做官三者结合起来了，因此，可以这样讲，它开创了国家选人用人的新路径新方法，同时也受到了社会各阶层，尤其是社会中下层民众的普遍拥护和支持。

据历史记载，到了唐代，这科举制度才不断规范，并最终确定，全面实行。那时的考试科目共分常科和制科两个大类。每年分期举行的称为常科，由皇帝下诏临时举行的考试称为制科。

这里特别要说的是，唐朝科举制度与以前选拔人才的最大不同点，就在于前来参加考试的不受门第限制，任何人都可以自荐，完全凭自己的实力。显然这样的方式要比以往来得公平公正，这也给那些出身贫寒的普通人家的孩子带来了希望，为他们点亮了美好前程之灯。人们常说"万般皆下品，唯有读书高"。我想这一理念的形成、确立，大概也就是从国家科举制度的推行开始的。

最初常科考试的科目很多，有明经、进士、秀才、明法、明算等十多种，到后来精简为明经、进士两个主要科目。一开始考试都是以试策为主，内容为经义、时务。到后来两种考试科目有了一定变化，大体是进士主要考察诗词歌赋，明经主要考察帖经、墨义。这里解释一下，所谓帖经，相当于现在考试中的填空题，都是取材于经书上的某一章节的内容，由考生去填写；墨义是考查学生对经文及注释的识记能力。简单地说，考帖经墨义，只要考生对经文熟读熟记，了如指掌，倒背如流，又能了解其含义，那考试就没有大问题。而考诗赋则要求学生具有很强的文学才华，包括文学修养和创作能力，唯有如此方能如愿。从以后的实践来看，考明经相对容易一些，而考进士则难度要大得多。所以当时科举考试时就流传着这样的说法，“三十老明经，五十少进士”。意思是说，即使三十岁前考取了明经，也没啥稀罕，因为已经晚了。相反考进士则不同，就是到了五十岁能考上也很了不得，还属于年轻的。可见两者考试的易难程度是截然不同的。

还请注意，唐朝是个什么年代，那是中国诗歌最繁荣的时代。“熟读唐诗三百首，不会作诗也会吟。”无可争辩，唐诗是公认的中国古代最好的诗，“前无古人，后无来者”就是它的历史地位。难怪宋代大诗人王安石也不能不感叹“世间好语言，已被老杜道尽”，这老杜指的就是杜甫。唐诗为什么能达到这种登峰造极无法逾越的程度呢？有不少学者经过深入研究便得出这样的结论：当年进士科以考诗赋为重中之重，乃是推动和促进唐代诗歌高度繁荣的最重要原因之一。这不无道理。你朝廷、国家选拔人才录用官吏，都以考诗赋为主，这样的指挥棒当然会牵引着莘莘学子的价值取向和努力方向，他们也自然会在这写诗作赋方面倾注最大的功夫和智慧，直至功成名就。因此，从一定意义上讲，唐诗在那样的大氛围里不红火倒是不正常了。这方面的著名诗人也出了不少，如王勃、陈子昂、王维、岑参等都曾经是进士出身。

在唐代还产生了武举。武举开始于武则天长安二年，也就是公元702年，参加武举的考试科目有马射、步射、平射、马枪等，主要由兵部主考，武状元也由此产生。

宋代的科举制度大体同唐代相同，只是在具体的考试内容上常常有所变化，这是为什么呢？根源出在上层，因为见解不一。以王安石为首的官员主张主要考经义，而以苏轼为代表的官员则认为重点在文学。这经义有点类似如今的议论文，只是限于用经书中的词句作题目，还必须用经书中的意思去阐述和发挥。这么一来，便出现这样的情况：有时考诗赋，有时考经义，或兼而有之，变换不定。这也是宋代科举考试的一个重要特征。并确立了三级考试制度。

进入明清时代，这科举制度算是达到了既鼎盛又完善时期。和以往不同的是，明清两代科举是以八股文取士的。这八股文是一种专门的文体，文章的题目一律为“五经”、“四书”中的原文，体裁结构有一套固定的格式。之所以叫八股文，主要是文章由破题、承题、起讲、入题、起股、中股、后股、束股等八部分组成的，而且要按先贤的口吻去表达，称为“代言”。据史载，明代苏州东山的王鏊是八股文的祖师。在乡试中取得第一名获“解元”，会试又取得第一，为“会元”，殿试一甲第三名，为“探花”，一时盛名天下。被唐伯虎称为“海内文章第一，山中宰相无双”。这时的科举考试通常分为乡试、会试、殿试三级。这乡试每三年在各省城举行一次考试，时间在农历八月。主考官由皇帝委派。录取名额一般大省八九十人，中等省四五十人，小省三四十人不等。乡试合格者为举人，第一名叫解元。

会试也是每三年一次，即在乡试后第二年春天，通常放在农历二月，地点是在京城，考试由礼部主持。参加考试的主要对象为来自各省的举人，还包括国子监的监生。这监生主要由学政考取，或地方保送。再有一种情况是经皇帝特许的。会试录取的为贡士，第一名叫会元。

殿试是科举最高级别的考试，大都由皇帝对贡士亲自考问，或者委派大臣做主考官。时间通常在农历三月。录取分为三甲：一甲三名，第一名称状元，第二名为榜眼，第三名为探花，赐"进士及第"称号。二甲若干名，赐"进士出身"称号。三甲也是若干名，赐"同进士出身"称号。二三甲第一名又称传胪。而我们经常听到的某某某是某某年进士，这进士就是殿试一、二、三甲的统称，是科举考试的最高功名。考中进士，一甲马上授官职，比如状元授翰林修撰，榜眼、探花授儒林院编修。其余二甲再参加翰林院考试，学习三年后再授官位。

然而，到了清光绪三十一年，即公元1905年9月2日，谁也没料到，随着清政府下达的一纸诏书，这科举制度仿佛一座金字塔中了导弹似的，顷刻间轰然倒下，从此废墟一片，再也没站立起来。

这就是中国科举制度一个大致脉络。

有些人可能不太理解，这科举制度看上去不是挺好的，也算公平公正，还经历了长时间的磨练，可到后来怎么说没就没了呢？是的，这是为什么呢？看来这确是一个值得后人深思探究的问题。

在此，我只能借用一位学者说过的话来回答，一种制度能在一个国度里长期存在，肯定有其合理性的方面。同样一种制度被终结，并再也没有被恢复，也肯定有其内在必然的原因。由于我们今天主要不是来讨论这个话题的，因此不想去说那科举的成败得失或功过是非。不过在我看来，有两个基本点还是要好好把牢的。

第一要历史地看。就当时的社会实际而言，这科举制度是进步的，也是合理的，不仅最大限度地打破了过去世袭制、等级制的垄断，更重要的是从制度上用统一考试的标准、程序、内容，摒弃了权力干扰，保证了官员选拔的公正性和公平性。当然也不否认，它确实也存在着明显的不足，尤其到了八股时代，其考试的内容基本上是没有多大实际意义的，就像如今考“奥数”那样，而且又狭窄单一，不利于考生创造性思维的发挥，自然也耽误或埋没了一些人才。

第二要客观地看。随着社会向前发展，特别是到了近代，国门打开，西方现代科学技术的传入，显而易见，以往中国长期以儒家学说和文史为主的科举取士方式，已不再适应新形势的要求。比如国家所需的外交、法律、管理、军事、科技、金融、财务等诸多方面的官员人才，若再用科举的那一套标准去选拔，那肯定是无济于事的，也注定要成天方夜谭的。也正是在这样的社会大潮流下，科举最终退出历史舞台是必然的，也是很正常的。取而代之的当然就是那适应时代变化的现代教育制度，包括设立各级学校，设置人文社会科学和自然科学的各种课程，以此为社会培养打造各类更多更优的人才。

过去我们一直说“往事如烟”，可有时往事是很难如此的，更多的是“往事并不如烟”，因为记忆常常是难以抹去的。下面我们就来看看，这科举制度1300多年来是怎样并不如烟的。要知道它毕竟给中国的社会各方面带来了深远的影响。在此，我们不说全国，就来瞧瞧它给天堂苏州带来了哪些变化？尤其在价值观、人生观乃至民风民俗等等方面。

从前面的章节中大家看到，苏州这地方过去的民风一直是很彪悍的，不说春秋时的“好勇尚武，轻死易发”，即使到了秦汉时代也还好战好斗。那曾经揭竿而起的项梁、项羽率江东八千子弟挥师北上，就是从苏州起兵的。尽管到头来还是魂断乌江，但最后他们那人人割喉自刎视死如归的不屈壮举，至今还是让人深深震撼的。

然而，为什么偏偏从隋唐以后，苏州这一切便渐渐地有所收敛，以至后来完全改头换面了呢？要讲原因当然是多方面的，这其中一个极其重要的原因，恐怕与这科举制度的全面持久地实施有关。

凡了解中国历史的都知道，那一段岁月，好几百年里江南一带无战事，社会比较太平安稳，加上苏州本身环境优越，生活富裕，人们对生活自然产生了一种新的梦想新的追求。而这时候国家搞科举选拔官员，正好为人们实现自己的理想抱负指明了方向，也提供了一个重要平台。由此人们自然不会错过这样的大好时机，都想通过参加科举考试，来一展自己的聪明才智，或成就功名，光宗耀祖，或做一番大业，飞黄腾达，再不行就弄个小官吏做做，多少也好在场面上风光风光，算这辈子没有白活。

正是在这样的社会大背景下，一项历来被称之为把人类引向文明的伟大工程，终于走到了历史的前台，这就是众所周知的教育事业。从事后看来，这恐怕也是科举制度给整个社会带来的最精彩的恢宏一笔。其实这里没有什么玄乎的奥秘，事情就那么简单，人们要出人头地，要去当官，就得按国家规定去做，就得参加国家统一的科举考试。要考试，当然就要读书。要读书，就得到学校去接受系统教育，由此这兴办学校之教育的千秋大业，也就水到渠成自然而然地开始了。当然由于各地情况不同，其发展的程度、规模、水平也不尽相似，有高有低，有好有差。

在这方面，我要如实地说，由于苏州各方面的条件比较好，因此，从一开始苏州的教育工作就走在了全国的前面，甚至可以这样讲，领跑了全国的教育，最突出的就是体现在官办学校上。

说到这，有个人是不能不提的，他就是大家都知道的北宋时期兴苏州办学之风的领军人物范仲淹先生。他是苏州吴县人氏，出生于北宋端拱二年（989），他不仅是一位卓越的政治家、思想家、军事家，还是一位杰出的教育家、文学家。朱熹称他为“有史以来天地间第一流人物”。在北宋景祐二年（1035），他首开先河，在苏州创建了府学。接着他又向朝廷建议，组建了吴县县学，这成为全国最早的县学。那么范仲淹为什么会这样全心致力于兴办学校呢？这恐怕与他治国的理念和思路密不可分的。在他看来，“善治国者，莫先育材；育材之方，莫先劝学”。在近千年前的北宋景祐年间，范仲淹先生就能将办学的重要性，提高到善治国家的高度去看待，这实属伟大，即便在今天来看也相当了不起。

范仲淹创办府学、县学，他不但是理论的先导者，也是行动的实践者。景祐二年（1035），他到苏州任职后，有人见他的范府有点寒碜，太简陋了，就向他推荐了苏州古城靠南边的一块地方来安置住宅。范仲淹看后倒也满意。然而当他听风水先生讲，说这是块风水宝地，如果在此建造住宅，今后必将家业兴旺，子孙有望。于是，他二话没说，便立即改变了先前造住宅的想法。在他看来，既然这样，那我就把它用作建学校，培养更多的人才，这不是更好吗？从此这地方就成了府学所在地，也就是现在苏州中学的地方。此外，他还捐出田地五顷作为办学经费。

为了培养人才，范仲淹还十分注重抓师资队伍建设。当时泰州有位名师大儒、教育家，叫胡瑗，又称安定先生，在教育上很有建树，享有盛誉。范仲淹便专门写信给他，聘请来苏州府学担任教授。胡瑗在苏执教时间虽只有五年（1035—1039），但他创立的“安定学法”很有成效，对后世也很有影响，直至元明清都沿袭了这一学法。被定为太学法后，全国各地也都争相效仿，使这一学法特色全面推广，不断传承。那么，这种学法究竟有哪些益处呢？归纳起来最主要有四点：

一是因人施教。就是根据学生的禀赋、个性、兴趣、爱好等，实行分类教学。那时学习的内容主要分成经义、治事两种科目。经义科专攻六经，治事科专攻治兵、治民、水利、算数等。这样一来，使学生与所学的内容更合适，更对路，成效更明显。二是以身作则。即做老师的为学生树立好榜样，处处作表率，言行一致，表里如一，用自己的行动去感染学生，而不是说一套做另一套。比如授课时虽遇酷日衣衫湿透，但作为老师依然要和学生在一起，不能自己嫌热离开教室，而让学生忍受酷热待在那里。三是劳逸结合。就是该读书的时候读书，该休息的时候就休息，不搞疲劳战、连续战，休息好也是为了有更充沛的精力用于学习。四是开门办学。即不仅要注重课堂内的学习，还要走出课堂，打开视野，走进自然，触摸山川，也就是我们常说的，既要读万卷书，还要行万里路，在那里有着许多教室里学不到的东西。

正是由于胡瑗理念先进，办学有道，他的教育思想得到了官方的认可。他在教育上有一个至理名言，至今也让人敬仰，“致天下之治者在人才，成天下之才者在教化，教化之所本者在学校”。范仲淹后来还举荐胡瑗到中央官学去任教。到晚年胡瑗任国子监直讲，专门为太学生讲授《五经正义》，成为一代经师。

那时候，苏州的书院也不断涌现出来。它始于唐末五代，开始为官家藏书校书场所，后来慢慢成为学者讲学读书的地方。它与官学显然不尽相同，尤其在教育目的、内容、方式诸方面有着自己的特色。通常由当地有名望的学者来主持。学习方式由个人自学为主，遇到问题请教老师，学习科目以经义为主，其后兼学古文、制艺时文。苏州历代都有书院建立，也曾培养出大批有专长的人才，并产生过相当重要的影响。苏州最早的书院有南宋端平年间的和靖书院，以及后来的学道书院、鹤山书院、甫里书院、文正书院、道南书院、碧山书院、芥隐书院、天池书院、紫阳书院、平江书院、正谊书院、太湖书院、锦峰书院等。其中规模最大、影响最广的要算紫阳书院，位置就在今天人民路文庙后面。那时先后就有27名进士前来担当书院负责人，足见其书院的层次高、质量好。据当时统计，苏州历史上，书院的数量也为全国之最。吴县共有书院17所，常熟13所，昆山有11所，吴江有9所，太仓有6所。

此外，苏州在抓好科举精英教育，为国家选拔栋梁之材的同时，也十分注重涉及千家万户、面广量大的普及性基础教育，从而不断提高全民的人文素质。据史载，元朝至正九年（1349），苏州全面大办村社学校，数量达到130余所，明洪武八年（1375）苏州共有社学737所。这社学从一定意义上讲，就是为广大平民子弟提供的一种初等教育，相当于现在的小学甚至初中。社学的性质就是介于学校教育与社会教育之间，又介于官学和私学之间的乡学村校。

科举制度的推进，各级各类学校的大量兴办，同样也给每个家庭带来了潜移默化的感染和引领。不少苏州人家的家庭教育也得到了广泛重视，而且富有成效。大家注意到没有，在苏州就出现了这样一种现象，几乎绝大多数的状元、榜眼、探花等都出身于读书世家。显然这是与他们从小就受到严格的家教和诗礼承传熏陶是紧密相连的。这方面的事儿有很多很多，现略举几例。

在清代，昆山有户人家可谓科举辈出，人才济济。兄弟三人中就有两个探花，一个状元。他们分别是徐乾学、徐秉义、徐元文。一个家庭居然能有这样的荣耀，这不能不让人刮目相看。究其原因，最主要的恐怕就是来自其母亲顾氏的管教。为什么这样说？据记载，这顾氏是著名思想家顾炎武先生的妹妹。别看她读书不一定太多，可她思维敏捷，富有远见。尽管其丈夫常年在外讲学，顾不及家里，可她总把家里打理得有条有理，干干净净。尤其在教育子女问题上，她更是从严要求，毫不含糊。儿子每天读的书，都必须背出来；老师有事不能来，她就自己来执教儿子。她时常还悄悄来到书房外，去“偷听”、“偷看”儿子读书情况。若是见其儿子们在埋头读书，她便喜滋滋地悄悄离开。反之，要是见他们不在好好学习，那她就要突然现身，当场训斥，并责令立即改正，没有下一次。就是在她这种近似苛刻的管教下，徐氏三兄弟读书常常到午夜，而且进步很快。一分投入自然会有一分产出。老三徐元文于顺治十六年（1659）高中状元，后官至宰相。接着老大徐乾学于康熙九年（1670）中一甲探花及第，后官至刑部尚书。三年后老二徐秉义也中了个探花及第，后官为内阁学士兼礼部侍郎。还有乾隆年间名儒重臣毕沅，在其母亲张藻的精心呵护下，最终高中状元及第。乾隆皇帝鉴于其母对毕沅教子有方，在张氏不幸病逝后，特赐御书“经训克家”四字，给予褒奖表彰。

也正由于苏州人家普遍重视家教，时间长了也就无形中形成了一种好的门风学风，甚至还出现了这样的情况，或是祖孙、父子状元，或是兄弟、亲戚状元。如被世人称为“天下状元第一家”的唐代苏州长洲归家，自唐懿宗咸通十年（869）至唐哀帝天祐二年（905），短短36年间连续出了归仁绍、归仁泽、归黯、归佾、归系等5名状元，占全了兄弟、父子、祖孙状元。

这就是科举时代的苏州，这就是教化带来的效应。苏州人喜爱读书习文便成了一种传统风尚和习惯，“家家礼乐，人人诗书”就是当时社会的一种真实写照。在苏州东山明善堂的柱子上至今还悬挂着这样一副楹联，叫作“积金积玉不如积书教子，宽田宽地不如宽厚教人”。可见读书是多么的至关重要。通常情况下，即便是普通人家的孩子大都也要读书识字，至于来上一二句《诗经》、《论语》，还有读读《百家姓》、《千字文》，也是家常便饭的事，习以为常。可以这样讲，到明清的时候，苏州人则已经变得文质彬彬，温文尔雅了。

说到这里，有人可能会问，这科举除了给教育和民风带来了巨大变化，那么在其他方面还有什么呢？依我看，苏州不光是状元、进士出得多，更重要的是它形成了一个多出人才出好人才的良性循环的社会氛围，以至人才辈出成为天堂苏州的一道独到亮丽的风景线。

自古以来，各地对名人都很敬畏，苏州更是如此，这也是苏州人养成的一种好传统。苏州沧浪亭里早有着“五百名贤祠”，那里铭刻着594位苏州历朝历代的名人头像。就在前几年，苏州又专门建成了苏州名人馆，免费向公众开放，仅一年时间就有130多万人次前去参观。若问苏州的名人究竟有多少，这恐怕很难说清楚，大概也只能用灿若星河来形容。其实，这些地方所陈列的也仅仅是其中的部分。我每每来到这里，总要放慢脚步，屏住呼吸，生怕一不小心打扰了他们。我知道，尽管我不能穿越时空去看望他们，也不能与他们一一对话，或和他们聊聊过去那些事儿，但在我心中，他们总是很重很重。

这些年，也曾听到一点声音，说苏州的名人似乎还没有更响亮的。言下之意，没有什么大的名望，似乎对社会的影响和贡献不大。这真不知让我怎么回答才好。我不想争辩，不过我得讲几句公道话。

在此，我先说两个人的名字，也是我在前面已经提到过的，你就会知道其分量的轻重了。一个是范仲淹，另一个是顾炎武。我不敢说这两位先贤是自古以来中国最具有影响力的人物，但他们的知名度恐怕无人不晓。别的不讲，单说起他们各自留下的名句，只要是中国人，大多都能张口就来，那就是范仲淹的“先天下之忧而忧，后天下之乐而乐”，那就是顾炎武的“天下兴亡，匹夫有责”，透过字里行间，无不让人感受到了一种深深的忧国忧民之情怀，更是一种伟大的爱国主义情操在燃烧在喷发。大家想想在这世界上，你还听到过比这更深刻更简洁更明了的思想家的经典吗？它令多少代华夏儿女深深敬仰，又令多少仁人志士为之前赴后继，英勇奋斗！

不仅如此，在朝廷，在政坛，历代苏州人当然也是有名有姓，叱咤风云的。在那年月要是仕途能到达宰相之高位，那可谓是出类拔萃，至高无上了。据统计，从唐朝算起，苏州就有九位状元坐上了这令人仰慕的宰相宝座。他们分别是唐代的陆扆、苏俭，明代的顾鼎臣、申时行、文震孟，清代的徐元文、潘世恩、翁同龢、陆润庠。

这宰相是干什么的？当然主要是来辅助皇上处置国家大事的。权力自然不小，但又毕竟是“一人之下，万人之上”。通常情况下你没有决策权，一切都得听皇上的，尽管偶尔皇上高兴时也能民主一下听听你的意见，但百分之八九十你宰相是贯彻者、执行者，有时还是一个协调者。因此，要当好这个角色，很不容易，还真要有点本事。或许又是与苏州长期形成的传统文化有关，乃至是苏州人的个性所致，苏州的高官在参政议政时通常显得低调，全然没有那种咄咄逼人的架势和盛气凌人的霸道。他们摆得准自己的位置，也深知有理不在声高的道理，他们知道哪些话该说，哪些意见可提，哪些事又该怎么做，他们总是用温和的方法把事情处理得比较得体、妥善，不仅为朝廷，也为国家立下了汗马功劳。史学家们在分析这一现象后得出结论，说是苏州籍的高官除个别人之外，大都是“柔性政治家”。我以为这比较客观，恰如其分，是这么回事。下面我们就不妨来看看比较有代表性的人物申时行，以窥一斑。

他生于明嘉靖十四年（1535），嘉靖四十一年（1562）中状元后，仕途相当通畅，先入阁大学士，又升为礼部尚书兼文渊阁大学士，万历年间又继任张居正之后的首辅。大家知道，在这之前，首辅张居正可谓非常强势，工作大刀阔斧，勇于改革创新，政绩也很卓著，一些保守派反对派相继被罢官贬谪。申时行虽然对时局看得很清楚，也有自己的主见，但他明白，此时若要与张居正对着干，绝对没有好下场，唯有顺从才是上策。这倒不是申时行不敢坚持原则，只是对方太强大了，因此也只能以屈求伸来保全自己。自然，他也得到了张居正的看好和信任，还步步上升。

申时行的主政思路和处事风格，则是在张居正死后才得到了很好展示。他全面推行宽大政务，尤其对朝廷大臣，有事多商量，与人为善，宽厚待人，因此赢得上下一片叫好。他更高明的一招，便是善于审时度势，顺应民心，对前相张居正当年制定并推行的已经不适时宜的政令逐一废除，但又没有丝毫大张旗鼓，声势浩大。一切那么顺理成章，水到渠成，由此受到社会各界拍手拥护。

另外，他对皇帝谏劝十分注意方式方法，不像那些好像真理总在自己手里的宰相、大臣那样，不管三七二十一，也不管对与错，动不动就给皇上提意见，或以辞呈来要挟皇上接受自己的谏劝。因为他太了解皇上的秉性，更理解皇上心态，因而他通常用迎合的方法来取悦皇上，自然也讨皇上赏识和宠爱。申时行自万历六年（1578）入阁到万历十九年（1591），长达13年之久，其中任首辅就有9年，实属不易。

都说伴君如伴虎，稍不谨慎就会倒大霉。他虽不像前任张居正那样狐假虎威，敢作敢为，大刀阔斧做出了一番看得见的政绩，但他采取的宽大温和的以柔克刚之策略，使朝廷在那些年比较平静，没有大的内讧、折腾，由此，整个国家也很安定。在我看来，这就是一种政绩。也许这也是他的一种理想追求。

其实对执政者而言，政绩不仅仅只是单一的所谓发展，它既是一个综合全面的理念，又是要根据社会所需而确定的。比如一个国家若是连老百姓的衣食都存在问题，那么当务之急肯定要突出发展生产振兴经济，这是最迫切的政绩。某一天当国家出现动荡社会不稳时，稳定便是首要的任务，也是领导最需要去担当的责任，把这事搞定了，也就是最大的政绩。

还有当国家受到外来侵略时，至关重要的就是要团结一心，用血肉组成我们的长城，共同抵御入侵者，直至最后的胜利。因而，也正因如此，他被人们誉为“太平宰相”。朝廷为表达对他工作的充分肯定，特将他列为历代名臣。他逝世后，还被追封少师兼太子太师、中极殿大学士，诏赠太师，谥“文定”。申时行退出政坛后，便回到苏州安度晚年。就住在现苏州景德路的环秀山庄。其死后葬在石湖边上方山麓，墓前竖有“明太师申文定公神道”一碑，享堂里至今存巨碑八块。

当然说到苏州出的人才、名人，客观地讲，更多的还是文人，而且在中国的人文史上也都是赫赫有名，举足轻重的，况且又都是大家者居多。比如书法家，唐代的陆柬之、张旭都是大名鼎鼎的，尤其是那个“挥笔落纸如云烟”的张旭，有着“草圣”之尊，其草书与李白诗歌、裴旻剑舞，被称之为“三绝”；还有明代“草书第一人”的祝允明与文徵明、王宠，因成就卓著，被称为明中期“三大书法家”。

画家，历史上知名的就有1200多位。如三国时期的曹弗兴，开中国画之风。南朝宋代的陆探微，其画号称“密体”，画人物极其妙绝，在画史上与顾恺之并称“顾陆”。还有南朝的张僧繇，其“丹青之工，一时冠绝”，是当时最具影响力的大家之一。唐代后，苏州画家更是风生水起，尤其元代的黄公望，一幅《富春山居图》绘画，让中国山水画进入了新境界，画史上将他推之为“元四家”之首，实为众望所归。还有明朝中时，开一代“吴门画派”之风的沈周、文徵明、唐寅、仇英“明四家”，至今还在影响着画坛。

诗家，唐代有诗人张籍、陆龟蒙，宋代有诗人范成大，明代诗人高启和杨基、张羽、徐贲并称“明初四杰”。

文学家，王世贞、王鏊、吴梅村、钱谦益、沈德潜先后被推为“文坛盟主”、“诗坛领袖”。冯梦龙以小说“三言”为标志，在中国文学界掀起了一股市井白话通俗文学热潮，并蜚声海内外。还有那个金圣叹，在文学批评与文学评点方面独树一帜，为我国文学理论批评发展史做出了特殊贡献。另外，还出现了一大批在各个领域里的工艺大家、能工巧匠。如唐代著名的雕塑家杨惠之，明代杰出的建筑大师、北京故宫的设计者蒯祥，清代的名医叶天士等等。

都说历史是一条河，因为有源，所以生生不息。回望苏州，人们欣喜地发现，那一千多年来成就的“崇文重教”的好传统，依然像河水那般，在奔腾，在澎湃，没有什么力量能把它阻拦，直至今天。就说这些年的教育，各地似乎都在大声嚷嚷，都在标榜自己是如何如何造福一方，教育先行，都说在当地自己的学校房子最好。其实这在苏州早已不是什么新闻了。有这样一组数字就足以说明问题。早在1982年苏州就率先基本普及了小学教育，1992年率先普及了九年义务教育，1998年率先普及高中阶段教育，2004年率先普及高等教育，2007年率先基本实现教育现代化。由此可见，苏州对教育是何等地重视。也正因如此，苏州继“状元之乡”后又出现了“院士之乡”，从这个意义上讲，这完全合乎逻辑，也尽在意料之中。如今，苏州籍的两院院士，无论从数量还是从其他方面来衡量，在全国都是名列前茅，遥遥领先的。他们对国家、社会乃至人类所做出的贡献也是常人无法比拟的。因而，如今当人们仰望星空，便看到从天堂苏州大地上升起的杰出人才之星总是那么明亮，那么耀眼——

那是隐姓埋名十七年，为我国两弹事业做出了重大贡献，并被国务院授予“两弹一星”功勋奖章的王淦昌；那是被称为“中国光学之父”，向世界最高科技进军的中国863计划首倡者王大珩；那是“两弹一星”元勋程开甲；那是为中国航空事业做出重要贡献的著名飞机设计师顾诵芬；那是曾参加过美国研制原子弹“曼哈顿计划”，被誉为“中国的居里夫人”的吴健雄；那是获得诺贝尔物理学奖的美籍华裔李政道；那是世界建筑史上都为数不多的著名建筑大师贝聿铭，等等。

除了两院院士，还有一大批在全国产生过深远影响的苏州人士。如著名社会学家、社会活动家费孝通，蜚声国内外学术界的著名史学家顾颉刚，当代海内外学术界公认的古籍版本目录学家顾廷龙，马克思主义理论家、历史学家胡绳，中国近代史上创办第一个革命文学团体南社的发起人柳亚子，著名民主人士沈钧儒，一代文学、教育宗师叶圣陶，享誉中外的红学泰斗俞平伯，著名昆剧表演艺术大师俞振飞，刺绣艺术大师沈寿，著名舞蹈艺术家吴晓邦，著名书法家费新我，当代著名作家陆文夫，航天英雄费俊龙，等等。

由此，千百年来，天堂苏州给世人留下的美好印象越来越深刻。当然因为各人感受不一，印象也不尽相同。我们再往特色的角度看，苏州给人们最明显的感觉又是什么呢？

如今每个地方，每个城市都有着自己的城市名片，比如北京是政治的，上海是国际的，西安是历史的，成都是悠闲的，深圳是梦幻的，厦门是温馨的，大连是浪漫的，杭州是秀丽的……那么苏州呢？在我眼里她是文化的，或者讲是人文的。这倒不是因为我是苏州人才这样故意抬举苏州的。纵观古今，相比而言，她的文化味道、人文气息，显得更多一些更明显一些。

大家已经看到，这些年来，特别是改革开放三十多年来，当经济的浪潮不再一浪高过一浪，高歌猛进之时，人们似乎又看到了另一种新的业态正在崭露头角，那是什么？那就是文化，那就是文化背后潜在的巨大能量，乃至变成一种产业。于是全国各地不管是否具有这种资源优势，或有没有这种客观条件，便纷纷大打文化品牌，或是“文化城市”，或是“文化名城”。一句话，只要搭得上边的，都往文化这个筐里装，似乎只要这样说了，便真的是有文化了，也可以搞产业了。到此我倒有点困惑了，纳闷了，文化真是这样吗？文化就那么简单吗？文化是主观臆想出来的吗？

在此，我觉得很有必要和大家一起来把这文化的基本概念含义先梳理一下。当然这也是我个人的看法。现在关于文化的定义很多，光百度上点击一下就有成千上万条，让你云里雾里，不知所措。正如美国文化人类学家洛威发出的叹息那样，在这个世界上，没有别的东西比文化更难以捉摸。我们不能分析它，因为它的成分无穷无尽；我们不能叙述它，因为它没有固定的形状；我们想用文字来定义它，这就像要把空气抓在手里：除了不在手里，它无处不在。

也确实这样。就此，我曾专门请教过一些文化大家，似乎也让他们面露尴尬之色，感到棘手，因为实在难以用一二句话把它说清楚，更难让人信服。看来这文化也真够深奥的，否则也不叫文化了。既然如此，我想也就不必过分地去纠缠对其概念的精准的注解上，尤其是对我们大多数人来讲，只要理解个大概就可以了。

在我看来，对文化首先最重要的是要有一种意识，一种态度，乃至一种认同。为此根据我的理解，对文化是否可以这样去看，所谓文化，它就是有形的物质与无形的气息的一种呈现和反映。这有形的主要是指带有历史人文符号印记的那一类，诸如建筑、文物、遗址等，还有自身所具有艺术价值、成分的那些东西，如书画、古籍、表演等。这无形的主要有四个层面：它是由人们对文化不断积淀所拥有的一种素养和认知；它是久而久之所形成的一种社会观念和制度；它是由有形文化所产生并形成的一种特有的气场和氛围；它还是人们由此而持有的一种生活方式和为人处世之道。

说到文化，在许多地方，许多城市，尤其在当下，似乎都不甘落后，而且也确实都能从历史的尘埃中发掘出一个个一串串令人赞叹、令人叫绝的产品，包括物态的、艺术的、精神的、人物的等等，甚至动不动就冠以举世无双，或是空前绝后之头衔。其实，讲文化的强和弱，最根本的主要还是看它的综合实力如何。这不由让我记起全国著名作家、文化学者陆文夫生前说过的一段话来：我不敢说苏州是全国文化最发达的地区，也不敢说苏州的伟人和名家就比其他的地区多，但综合起来看，苏州文化在全国占有优势，这种优势在于它的综合实力十分强大，文化门类比较齐全，而且从古至今一脉相承，只有发展，没有中断。应该说，陆文夫看问题是比较客观的，也是很实事求是的。

那么，如今苏州的文化，最主要又体现在哪些方面呢？

一是在现实里，视觉中。如今有一个不争的事实是有目共睹的，凡来苏州的人们，不管来自何方，不管来自哪个层面，有一点是十分强烈的，那就是觉得苏州古城挺有味道，古色古香的，就连公交车的每一个站台，还有那路灯的造型，也带着苏州古典的元素。可谓无处不飘溢出一种文化的芬芳。这倒不像一些地方仅仅是写在过去的书堆里，甚至被宣传广告所夸大的。而史书上记载着的2500多年古城的那种格局风貌，在这里都是眼见为实的，还有那小桥流水、枕河人家、小巷深深、粉墙黛瓦、古典园林……如同三维立体画时时围绕在你的身旁。苏州古城在我看来，她就像一棵千年古樟树年年发新芽似的，总按着自身的根脉经络在延伸在生长，而且愈加枝繁叶茂。尤其是生活在这里的市民们，总是显得那么从容自在，过得有滋有味。

当然，这古城也不是自然而然会传下去的。按照自然法则，城市也会变老的，比如那古建筑也是有寿命的，尤其是砖木结构的建筑，到时不修缮就不行。这就涉及如何保护传承的问题。恰恰在这方面苏州的历代主政者们的文化意念是极强的，是进入骨髓的，也是代代相传的。远的不说，就拿大家比较了解的苏州园林来看，到20世纪五六十年代大都破烂不堪，危在旦夕。后经一批文化名人学者专家的积极呼吁，政府及相关部门积极采取保护举措，从而得到比较好的修复，如拙政园、留园、沧浪亭、狮子林等一批著名园林都是那时修复的，后又经联合国教科文组织世界遗产委员会批准，列入了世界遗产名录。当然这种修缮始终坚持的便是“保护为主，抢救第一”和“修旧如旧”，还“历史风貌”的基本原则。这古城为了适应现代人的生活起居，其街巷、交通，也必然会有所改变更新，为此苏州对古城的利用保护和发展就有总体规划，还有详规，落实到具体的项目更是细致入微，呵护有加。比如古城区从1992年实施的干将路综合改造工程，不仅把它当作搞好古城交通的一件实事来做，而且还把它作为一项传承历史文化的大事来办。就说规划和方案，便专门请来了当时国家主管城市规划的建设部副部长周干峙，还有东南大学建筑大师齐康，同济大学阮仪三教授帮助出谋划策。为一条道路的综合改造，采用如此重量级的规划团队，恐怕全国少有。

现在人们行走在这条干将路上，你稍不留神，就会被两旁的历史文物建筑遗址深深地吸引住。由东到西，映入你眼帘的便是：相门桥西堍建于宣统二年的狮子口监狱旧址；因历史事件而留名的“七君子桥”；始建于宋代的“升龙古桥”；百年学府东吴大学及钟楼、方塔；长洲县学大成殿；明代戏曲家张凤翼故居“文起堂”；宫巷口由国学大师钱仲联书写的“句吴神冶”牌坊；与之隔河相望的重建的“齐云楼”；乐桥东北堍为纪念孔子南方唯一弟子言偃而建于明万历年间的言子祠；乐桥西北堍的被誉为全国六大收藏重地的“过云楼”；还有位于与干将路交汇的养育巷西边“吴门大宅”。被称为苏州园林外化之典范也在这儿得到体现。一条玉带般的干将河被两条平行着的干将路一路护送伸向远方，两岸或是假山林立，或是枫叶飘飘，或是桃红柳绿，或是盆景百态……真可谓“两绿夹一河，舟与车俱行”，好一幅全新的又被放大了的苏州园林长卷图。

二是在传承里，发展中。这几年，苏州的“非遗”保护成绩斐然。早在2001年苏州就出台了全国第一部非物质文化遗产地方性法规《苏州昆曲保护条例》。目前苏州拥有世界级的非物质文化遗产代表作就达6项，如昆曲、古琴等，位居全国各类城市前列。还有入选国家级文化遗产名录29项，省级名录79项，市级名录118项，各县（市）区名录352项。它包括苏绣、缂丝、红木家具、核雕、琢玉、苏扇、苏裱、盆景、年画、金砖、苏帮菜、苏式船点等等。而这一切，历史上它们都有一个共同的美名，就叫“苏作”，或是“苏式”。至今这样的美名还有着极好的口碑。其实，这其中有许多东西原产地并不在苏州，可它的奇妙之处恰恰就在这里。如和田玉出自新疆，红木来自南方或国外，可是就这样被苏州的心灵手巧的工匠们那么巧夺天工了一下，其价值就会连城。这又是为什么呢？道理很简单，一方面是因为苏州工艺之精湛，有着悠久的传统；另一方面也是更为重要的，它已不单单是一件自然之物，而早已融入了文化的境地，那么人文，那么温情。

博物馆历来作为一个城市历史文化的重要标志而引人注目，如今在苏州得到了很好的发展。更可喜的是它正在形成一个硕大的群体。前几年由世界著名建筑大师贝聿铭亲自操刀设计的苏州博物馆新馆，正在以它独特的魅力吸引着四方来客，近几年每年参观人数超过了百万，若不是人数控制，恐怕要远远超过这个数。

2004年新落成的位于主干道人民路上的苏州图书馆，早已成为人们读书的天堂，每天早晨其大门口等候开门的长长的队伍，已成为这座城市一道让人赏心悦目的风景线。

2010年起苏州美术馆新馆、名人馆、文化馆的全面启用，自然也成了广大市民自己拥有的公共文化艺术中心。到目前为止，苏州大市范围已拥有各类博物馆70多家，其中市区就有30家。这些博物馆还充分利用自身的资源，搭建公益讲座平台，专门邀请全国著名学者、专家、教授包括本地的名家来讲课。

三是在生活里，细节中。其实说苏州是文化的，时常体现在苏州人的日常生活里，还有待人接物上。比如最简单的是苏州人对吃比较考究，倒不是要吃得怎么好，而是通常喜欢吃时令货，就是喜欢到什么时节就吃什么，而且特讲究本地产的、鲜嫩的。像三月份各种时令菜如菜筒、荠菜、马兰头都上市了，便是餐桌上的最爱。还有吃鱼，最好要野生的，还要鲜活的。一般来讲，死鱼是不吃的。所以在菜市场，许多买菜的苏州人很是挑剔，总要反复比较，横拣竖选，从不马虎。这是为什么？这从一个侧面反映了苏州饮食文化的精细讲究。正如著名作家陆文夫在其《美食家》的小说中所说的那样，“苏州家常菜都比较简朴，可简朴并不马虎，经济实惠，精心制作，这就是苏人的特点”。

还有苏州人的性格普遍显得比较温和，不太会轻易发脾气。即使生气发火也能克制自己，不会不顾一切，或是大声嚷嚷，或是撒泼粗野。过去我们都听说过，苏州男人和别人吵架，似乎还要和别人商量。比如，北方人若说要打你，就很干脆，我要揍你。可到了苏州男人嘴里，用苏州话来讲便是：“阿要给你一记耳光尝尝。”大家听听，要打别人，事先还要跟人家商量“阿要”，就是要不要的意思，可见，即使要打人，恐怕也是说说而已的，从内心讲压根儿不想这样做。有人说这是苏州男人的“娘娘腔”，没有男子汉的味道。我倒不这样认为，这恰恰说明，这是苏州人多少年来养成的一种习惯，也是妥善处理各种矛盾的一种柔性方法。试想若是双方谁都不买账，说不上一二句话，就大动干戈，那这社会还成什么样子，还有什么文明社会可言？所以我一直以为，苏州人说话，不仅像国家文字委员会评定的那样，是全国最美的声音，我曾把它概括为五个特点，即为“嗲、软、糯、甜、嫩”，而且更重要的是，在其背后深藏着吴文化深深的内涵。

今天，走在苏州的街头巷尾，走进苏州的普通人家，还能看到有滋有味的人文风景：美食是苏州文化注重原味抒发的特性，炖焖焐煨，苏州人性格温吞，可火工了得；花几十元钱买一盆水仙、腊梅做清供，不是简单的软装，这是人与自然节令呼应、唱和和朴实寄寓；在出租车里挂一串白兰花、茉莉花做香薰，这是忙忙碌碌中的放松与淡定；居室再小，总有个放书本的去处，如今的人均购书也几乎年年排进全国三甲，以读书为享受，这是一种重要的文化自觉。

苏州文化的珍贵在于其对人的重视，园林、工艺、美食无不以人的舒适度为终极目标。恬静、闲适、愉悦、温润，城市中充满着“有品质的生活”。文化在苏州，不是国之重器光芒万丈的视觉冲击，也不是摩天大楼色彩飞扬的繁华喧嚣，文化苏州是抚摸着心爱之物圆润细滑的美妙触感，是精神家园中的一份依赖和安然。

是的，有时我总在想，这千百年来，究竟是一种什么样的传奇，让我们天堂苏州如此厚重，经久不衰？又是一种什么样的力量，让我们天堂苏州如此灵动，魅力永恒？大家也都可以想想，除了文化，还有什么能超越她的呢？……

第五讲

苏州园林甲天下 天人合一世无双

在历史的长河中，这园林有过怎样的前世今生？她又为什么特别钟情于苏州？以至千百年来，如此根深叶茂，独树一帜。都说苏州园林是天人合一的典范，那她究竟有着怎样的特色与魅力？人们又该如何去欣赏她品味她？

当下，若在互联网上作个问卷调查，你对天堂苏州留下的最深印象是什么？我不敢说百分之百，不过有一条是肯定的，至少有百分之八九十的人都会做出第一反应，那就是园林。

这似乎早就珍藏在人们记忆深处了。先不论前些年苏州九个古典园林相继列入世界遗产名录，让世人为之一振。其实早在这之前，苏州园林就是出了大名的，“江南园林甲天下，苏州园林甲江南”，这样的广告语早已写在了天堂上空，名扬四海，引得各方游客慕名而来，流连忘返。

确是如此，依我看来，若把苏州比天堂，苏州园林便是天堂里的天堂。因为这是迄今为止，人们能够真真切切感受得到的人间天堂之典范：在繁华的都市里，拥有一个属于自己的融生活起居、自然美景、人文氛围为一体的家园，既有物质的享受，又有精神的愉悦，你不用多想，这世界上哪还有这般理想的小天地？不是做梦吧？是的，这是现实中的活生生的，而且多少年前就开始了。

也正因为这样，多少年来，凡来苏州游览观光休闲的人们，无一例外地都要到苏州园林来走一走，看一看，似乎不到园林来一下就像没来苏州似的。

然而，在此我要说的是另一个话题，当然与这有关。前些年来，有一种现象总在纠结着我。因工作关系，时常要陪同一些外地来的客人到园林去转转。就我而言，尽管常去，却百看不厌。每每去园林，就像进行一次审美巡视，好不赏心悦目。只是时常让我觉得有点遗憾和不惑的是，一些人看园林似乎总是来去匆匆，跟逛公园似的，三步并作两步走，三下五去二就溜达完了，这样的客人还真不少。有时出于礼貌，我总想请他们多看几个园林。可回答几乎是千篇一律：园林都差不多，就是些亭台楼阁什么的，看个把就行了。听听，这不能不让你扫兴。这也真是我没想到的。

一开始，我还觉得有点别扭，可时间一长，也习以为常了。不过，这倒引发了我对这一问题关注和思考。人们都说，苏州园林不错，然而既然那么好，却为什么总留不住游人的脚步？是因为园林太小，无需用更多时间去看，还是因为大家对园林了解甚少，还不太知道如何去细细品赏，以至只能蜻蜓点水，走马观花而已？

为此事，我倒做了一点调查研究，也请教了从事旅游方面的专业人士，大家的基本看法，问题主要在后者。

这倒不难理解，谁也不是生而知之的，至于全才的毕竟不多。如今不少人都有这样的感受，若是去北京故宫博物院，要是不在行的话，准像刘姥姥走进大观园，不是找不到北，就是待不住，没一会儿工夫，你准想往外跑。反之则不同，你要懂点什么，就会越看越有味，总觉时间不够用。

不怕大家笑话，很多年前我去苏州园林，就有点发懵，到狮子林的假山里绕了老半天就是绕不出来，更不要说看什么，怎么看了，直到这些年才稍微开了一点点窍。

大家知道，苏州园林虽说不大，可里面的名堂还真不少。这就提出了一个问题，对广大旅游者来讲，你要想品尝出园林的一点味道，那究竟应该从哪些方面去入手呢？

近来我在这方面做了一些粗略的梳理，我想至少有三条是最基本的，一是对苏州园林的来龙去脉包括她的产生、成因、发展等要有一个大致了解；二是对苏州园林的主要特色、基本原理要有所掌握；

三是要做好一些前期积累和准备。唯有如此，才能看出一些名堂。

昆曲《游园惊梦》中有句台词说得好，不到园林，怎知春色如许？那就让我们一同走进苏州园林吧。

如同任何事物发展一样，苏州园林走到今天，成为中国园林的杰出代表乃至世界之经典，当然不是一蹴而就的，也绝非是自然而然形成的。那么在这历史的长河中，这园林大致经历了哪几个主要阶段？其中又有哪些因素起到了根本性的作用呢？

在中国历史上，关于园林的记载，最早见于商周时期的甲骨文“囿”和《诗经》所咏的“园”，还有“苑”和“圃”，距今已有三千多年。据《说文解字》注解，这“苑”和“囿”都是养禽兽的地方，区别在“苑”有墙围着，而“囿”则没有。“园”只是表示种植果树的地方，“圃”是种蔬菜的场所，后来都渐渐演变成狩猎游乐之地。这大概就算是初级阶段的园林。那时的园林和今天的园林大概不是一回事，以往大体就是利用天然的山水树木花草地形，把她围起来，而且大都是在荒郊野外，仅供皇室打猎娱乐休闲而已，到后来就大不一样了。其实对园林的理解，古人在造字时已讲得很清楚了，古字的“園”就是一个非常象形的文字。外面一个“口”是围墙，里边上面的“土”形似屋宇平面，也表示亭榭；中间的“口”字居中为水池；下面的“𧘇”字如石似树，组合在一起，就把园林里的建筑、山水、草木等要素囊括其中了。

纵观苏州园林的进程，概括地讲，大致经历了三个主要阶段，起始于春秋，发展于汉唐宋元，全盛于明清。从形态上看，主要可分为三种类型，即皇家园林、寺庙园林和私家园林。

苏州最早出现的园林是从皇家园林形式起步的。时间大约从周简王七年（前585）至周敬王四十四年（前476）。吴王寿梦、阖闾、夫差，如同历代君王一般，在繁忙的工作之余，凭着手中至高无上的权力，总想找个地方娱乐一下。于是便开始营造有点像如今的楼堂馆所、酒吧、歌舞厅、桑拿中心一类离宫别苑。据《吴地记》记载，夏驾湖便是吴国最早的苑囿。这夏驾湖如今已不在了，但据考证，地点大约在现在苏州古城西边的菱塘浜一带。当年吴王寿梦一到盛夏时节，便来这里泛舟纳凉优哉游哉。还有木渎灵岩山上的馆娃宫，就是当年吴王夫差专门为美女西施而建造的宫苑。只可惜到后来便被越王勾践伐吴时全给毁了，如今只留下了玩花池、吴王井、玩月池、响屧廊一些遗址。

另外，在城西木渎附近的姑苏台也是，尽管也早已不见当年的巍巍壮观之气派，但从史料上看，其规模华丽令人感叹。台高三百丈，广八十四丈，可见三百里外。要不，在其后公元前210年，秦始皇东游会稽时还特地前来登临拜谒。即便是今天，人们从唐代诗人李白当年专程来此留下的那首《苏台览古》诗中，还能深深地感受到为失去曾经的风光而不由悲歌声声："旧苑荒台杨柳新，菱歌清唱不胜春。只今惟有西江月，曾照吴王宫里人。"意思再明确不过了，遥想当初，这里是何等的一派壮丽景象，可如今只留下了冷月一轮，无奈而又惨淡……

寺庙园林的出现，大约在魏晋南北朝时期。随着佛教的传入以及寺院的大量兴建，一种新的园林形式也开始了。由于佛教道教大都信奉大自然，追求清净，因此通常寺庙大多建造在山里或林中。如现在苏州人常去烧香拜佛的寺庙，就有城西郊外的光福圣恩寺、木渎灵岩寺、西山包山寺，以及昆山的慧泉寺、常熟的兴福寺等等。这些地方不仅是有名的寺院，而且都有着园林般的胜景。难怪唐代诗人杜牧目睹着江南如此众多的寺庙，不由触景生情，赞美不已："南朝四百八十寺，多少楼台烟雨中。"

至于私家园林，究竟是从何时算起，从现存的史料看，早在西周时期的太伯第十六世孙武真的第宅，还有春秋战国时期的一些私人第宅，已开始挖池堆山、植树栽花，这应该算是早期的苏州私家园林。到后来，随着经济社会的发展，私家园林在苏州可谓是一发不可收拾，造园成风，愈演愈烈，而且越造越好。从地域上看，这私家园林主要分布在江南，而江南又更多聚集在苏州、无锡、杭州、长兴一带。据粗略统计，历代苏州园林802处，其中西周1处，春秋战国24处，秦汉19处，魏晋南北朝11处，隋唐五代26处，宋元128处，明代224处，清代369处。2007年第三次普查统计，苏州古城区现存古典园林53处。

在此，不想去更多地细说苏州园林的发展过程，估计大家也不会太感兴趣，大概那也是专业人士的事。这些年，我则是在常常惦记这样一个事：这园林为什么总与江南那么有缘？而且最终又特别钟情于苏州？以至多少年后，园林会在苏州这片土地上，如此独树一帜，根深叶茂，繁花似锦？

对此，大家可能也会分析出这样或那样的原因，但在我看来，最主要是来自于苏州特定的天时地利人和。

有人可能马上会说，这不是在说套话吗？什么都可以这样说。

也许是这样，不过在此我倒不这么看，当然我自有我的道理的。这里的“天时”，不是我们常说的自然气候，而特指当时社会所形成的一种大氛围，或社会所盛行的某种主流思潮，并对人们的行为产生着不小的影响和引领作用。

那么当时社会上出现了一种什么样的情况呢？了解一点中国传统文化的都知道，它主要有儒家、道家和佛家思想所组成。儒道两家分别以孔孟和老庄为代表，起始于春秋战国。佛家则由印度传入中国。简单地讲，儒家倡导的是“仁政”、“德治”，希望大家发挥主观能动性，积极进取，入世有为。而道家则有点相悖，主张个性、自由、清净、自然，似乎有点与世无争、无所作为之意。佛家主张虚幻，引入空门。

而私人园林的兴起，到了两晋南北朝，便像找到了契机。那年代也正是被史书称为中国政治最黑暗、社会最动荡、人心最混乱的时候。许多士大夫首当其冲，很难逃离社会无情的摧残。这倒有点像我们这一代人，亲眼目睹的“反右”和“文化大革命”一样，成千上万的知识分子被当作臭老九而受到批判和打击。他们便不得不采取“明哲保身”的做法。俗话说得好，惹不起躲得起。他们只想快快地逃避现实。可又能藏到哪儿去呢？

也正是在这样的社会大背景下，有一种长期被儒家所压抑着的思想冲破了藩篱，最终形成了一种强大的潮流，蜂拥而来，不可阻挡，并占据了上风。这种思想就是道家的思想，再进一步讲，也就是人们常说的隐逸思想。而一时间，庄子那种无为浪漫逍遥自由的隐士生活方式，受到了许多士大夫的热烈追捧，就像如今少男少女崇拜娱乐明星一般，纷纷效仿，而且蔚然成风。于是，作为自然界的山水乡野便成了他们的栖息之地。

其实说到隐逸，人们所熟悉的，也是这方面的开山鼻祖东晋时期的陶渊明先生，早已做了很好的亲身体验。他不为五斗米折腰，远离都市，来到山野里，“方宅十余亩，草屋八九间。榆柳荫后檐，桃李罗堂前”，过起了那种“采菊东篱下，悠然见南山”的自由自在的隐居生活。还有当时很有影响的“竹林七贤”，他们不满现实，不愿做官，独善其身，隐居山林。似乎从此没有烦恼，没有悲伤。

然而这一切看上去挺好的，也挺浪漫，短时间也是可行的，但有一个十分现实的问题恐怕谁也不能不面对。不错，隐居到深山老林里去，隐居到乡间田野里去，甚至还可以隐居到荒无人烟的地方去，这固然可以远离官场的明争暗斗，可以躲避现实的磨难，也可以尽享大自然之风采。但是，人们不要忘了，理想和现实有时并不是一回事。人性的本能告诉我们，不管是过去还是现在，乃至未来，在这世界上，物质总是第一位的，是一切的基础，人的天性总离不开物欲，而且，人们也总想把日子过得舒坦一些，然后才能考虑精神层面的东西。

就此，总有一些士大夫按耐不住，开始搜肠刮肚，绞尽脑汁，甚至异想天开起来，能不能营造这样一种环境：既有物质生活的满足，又有自然的闲情，这样岂不是两全齐美，乐在其中么？

哈哈，说来也怪，要不说有知识有文化的文人雅士聪明智慧，经他们这头脑风暴一合计，一策划，就有那么一天，有人把眼光投向了城里，而且在那里造起了园子，不仅可让人过上舒适生活，又把大自然的山山水水花花草草融入进来。以后，一些文人骚客们，又开始吟诗作画，挥毫泼墨。这边挂匾，那边题诗。这里是青花瓷，那儿是红木雕刻，无不弥漫着悠悠的书卷之气、风雅之味。

也就从这时候起，那些隐逸人士似乎找到了最理想的归宿，可谓是“不出城市而获山水之怡，身居闹市而有林泉之致”。这私家园林也就成了隐逸者隐居的最佳场所。从苏州私家园林逐渐形成气候来看，也确实充分体现和验证了这一点。

东晋时的顾辟疆园，也是历史上有记载的私家园林。主人顾辟疆曾任郡功曹、平北参军，相当于现在的副部级官员，是苏州很有地位名望的人。他的园宅以竹林、怪石闻名于当时，有“号吴中第一”之誉。大诗人李白为此所动，留下了这样的诗咏：“柳深陶令宅，竹暗辟疆园。”还有宋代蒋堂的隐圃、胡元质的招隐堂、张廷杰的就隐、黄由的盘隐，都用一个“隐”字来告诉世人园主的心态和用意。

大家比较熟悉的沧浪亭，就是苏舜钦被贬官后来到这里，用沧浪之水清兮浊兮的情怀，实现着自身人格的完美。特别是到了明清时期，苏州更加繁荣富庶，不少遭贬或还在官场的官吏也纷至沓来，“中隐隐于市”，苏州自然成了他们隐逸的首选之地。明朝拙政园的主人王献臣，两次被贬，仕途无望，他便回到故里苏州，全心打造起自己的园子来，从此不问窗外事，一心只看山和水，在城里过起了悠闲自乐的日子。

这“地利”最主要的是这里的湖光山色、鱼米之乡、粉墙黛瓦给造园提供了独特的天然画本，温山软水，一草一木，一房一街皆是诗情画意。更值一提的是，别看这里山大多不太高大，可它出产的一种美石却很出名，这就是太湖石，是用作堆砌园林假山的绝佳材料。太湖石属于石灰岩，由于最早发现在南斯拉夫喀斯特山地，所以被称为喀斯特地貌。颜色有灰、白、青、黛，其特点是漏透瘦皱。太湖洞庭西山一带的太湖石最有名气。苏州历史上挂得上号的四块名石是冠云峰、瑞云峰、玉玲珑峰、皱云峰，现在分别保存在苏州留园、苏州第十中学、上海豫园以及杭州西湖花圃，真可谓世间绝品。园林里用的另一种石材为黄石，它说不上什么特别精良，它也出于苏州郊外的尧峰山，它棱角分明，色泽深褐，让花木与其搭配在一起比较吻合。

这水，大家对它更熟悉了，它是江南的符号。无水不成园的古训也早已有言在先。我们苏州已故的著名书画家谢孝思，他是贵阳人。十几年前，我还在电视台工作，因要拍一部文化艺术片《苏州水》，专门去拜访他。说到园林，他便向我们介绍，他们贵阳有个大户人家，清朝时也是做大官的。他在贵阳搞了个园林，当然也不错，可惜就是解决不了水的问题。因为贵阳那地方，一打下去就是石头。而苏州水源丰富，打下去两尺就汩汩直冒水。不比不知道，这地方就是好。由此可见，苏州这地方山美水美，为造园提供了先天的自然条件。

另外，也是一个最重要方面，苏州这地方历来经济发达，生活富裕，为造园提供了雄厚的财力物力。这在第一讲中也都说了。

再来看看这“人和”。这特指苏州园林一方面受到众多文人雅士青睐和参与，另一方面也来自于造园大师能工巧匠的智慧和高超的手艺。苏州园林时常被叫作文人园，或写意山水园，指的是文人墨客自己造园，或参与造园。这便是苏州园林与其他园林的不同之处。也正由于文人的加盟，园林的价值和韵味也明显提升。

这里的文人主要指的是在诗书画上。说到这就不能不涉及在中国绘画史上有着很大影响的吴门画派。她的一个重要特征就是绘山水以写意见长。说白一点，画画主要不是看画得像不像，而贵在能否通过写意来达到传自然之神。吴门画派人数众多，且都能诗善文，精通书法。表现在园林上就是把文人们对自然的深刻理解以及对人生的感悟，用写意的手法融入到造园艺境中去，不仅体现出文人所要表达的隐逸思想和文化气息，而且能透露出文人画的画意，让园林成为“立体之画，无声之诗”。到了明清园林鼎盛之时，园林的画意及文人的风格已成为品赏园林艺术的最高标准。据史料记载，苏州历朝著名的书画家自己造园的就有30多人，如沈周、文徵明、唐寅、文震亨。为别人设计园林的有10多人，如仇英、周秉忠等。有些名家的作品还有直接绘画园林的。如朱德润、倪瓒、徐贲先后绘狮子林图，沈周为杜琼绘东原图，文徵明为王献臣绘拙政园图，唐寅为王献臣绘西畴图等。

也正由于文人的直接介入，园林在不同时期便形成了不同画意写意的风格特征。至今你走进园林便会有所感觉。比如，沧浪亭扑面而来的就是那种山林野趣，这就是宋代文人的特质，与其追求萧散简淡的绘画格调一致，着眼于为山水写真传神。拙政园、留园、网师园、耦园，给人超乎自然的诗情画意之美，这就是明清文人与造园艺术紧密结合形成的风格，文人写意山水园得到完美体现。

在造园中我们的众多大师和巧匠当然也是功不可没。苏州自古以来就像天生的，有的是建筑大师和能工巧匠。比如最早就有春秋时营造苏州古城的伍子胥，还有明代造紫禁城天安门的蒯祥，都是一代宗师。而明朝吴江人计成更是造园大师和杰出的理论大家，他的一部

《园冶》，从园林规划到建筑设计，从工匠到手法，全面系统地论述总结了造园艺术，可以说是我国园林史上极有权威的经典著作。同一时代的另一位大家就是文震亨，他的《长物志》把山水画的原理运用于造园艺术，也是不可多得的经典。说到工匠，我们不能忘了有名的“香山帮”。因为苏州的园林绝大多数都由香山匠人建造的。这“香山”是个地名，在现在苏州西南胥口镇太湖旁。当年的“姑苏台”、“馆娃宫”、吴王离宫别苑都建在这一带，当地的工匠也多应征参与建造，他们的手艺也在实践中不断提高。到了明朝时期更了不得，大批香山匠人应召赴京造皇室宫殿私家花园。如今香山帮建筑艺术早已走向了世界。1979年在美国纽约大都会博物馆建的明轩，1986年在加拿大温哥华营造的逸园，1992年在新加坡营造的蕴秀园，1998年在美国纽约营造的寄兴园等，都出自香山匠人之手。目前在海外建造的园林就达四十多个。

接下去我们再看，这苏州园林最终形成了什么样的风格，或者讲具有些什么特点呢？由于各人的经历阅历不同，其看法也不相同。在这方面不少专家学者相继提出了这样或那样的观点，也颇有独到见解。在我看来，不管你怎么来总结归纳，有几条是不能偏离的，我把她概括为“三美”：第一，美在小巧，小中见大；第二，美在精致，如诗如画；第三，美在自然，天人合一。这既是苏州园林的出发点和落脚点，也是苏州园林的最大亮点和根本点。

先说小巧。常常听到游客们发出这样的议论甚至抱怨，苏州园林是不错，可就是小了一点。真搞不懂，当时为什么就不能造得大一些，况且那时的土地也绝不像今天这般值钱，寸土寸金。暂且不论这看法是否有道理，但有一点可以肯定，这“小”字恰恰是反映出苏州园林的一大特点：小中见大，这也正是苏州园林与众不同之处。从现存的园林来看，除拙政园由原来的三个园子合而为一占地60多亩外，其余的大多只有十来亩，七八亩，如留园、网师园等。还有的如环秀山庄只有一亩多，壹园只有三百多平方米，半亩还不到，残粒园仅有140多平方米。再从苏州历史上有记载的园名看，如什么“萤园”、“勺园”、“一枝园”，还有“小南园、“小隐亭”、“小隐堂”、“小潇湘”等等，也可窥见一斑。且不要说与欧洲的皇家园林比，就是与北方的皇家园林像颐和园、避暑山庄来比照，其规模也是不可同日而语的。

之所以会这样，依我看，究其原因主要是由园林的自身个性和所处环境所决定的。这苏州的园林大多属文人园，或多或少带有这种情结，尤其到了明清时期。一些文人雅士，还有那些从官场上退下来的或被贬的官吏什么的，一方面他们多少有些文人气，追求诗意生活，一方面虽说兜里也多多少少积蓄了点银子，但毕竟不会很多，由此，他们也要量力而行，所造园子恐怕也就大不到哪儿去。再有一点也是很重要的，这些园主们，很知道自己的身份，苏州这个地方历来不大，城里要有个风吹草动，或是传出个小道消息什么的，马上会传得沸沸扬扬全城皆知。东边死了个羊，传到西边就成死了个娘，这也是常事。所以，他们得夹着尾巴做人，注意影响，要低调，千万不能张扬。即便自己不偷不抢，在城里造园子，还要顾及左右邻舍平民百姓的感受。再说了，苏州城两千多年下来，所形成的格局，就是小街、小巷、小河，园林要是太大了，恐怕与这周围环境也不协调。

也正因如此，他们早有了自己准确的定位和良好的心态，用现在的话说就是，“不求多大，但愿拥有”。当然关键还要有特色。这似乎有点像那位大名鼎鼎的物理学家阿基米德所说，给我一个支点，我要把地球撬动。实践证明，我们的园主们还真早有了那么点哲学头脑，辩证法也运用得相当娴熟，小固然有许多先天不足，但它可以用巧来补。这一“巧”还真把不利化成了奇妙，在小中做大文章，让咫尺之地，绽放出了无穷的遐想来。看来中国的汉字也真是博大精深，难怪这“小”和“巧”总是形影不离，这“小巧”两字也总是紧密相随。

那下面我们就来认识认识，这“巧”字究竟是怎么个巧法的，或者说它采用了一些什么原理和道道的。从总体上看，就是根据园子所处的不同位置、不同大小、不同主题、不同个性等因素，进行整体构思，合理布局，并通过多种手段和技法来实现的。

第一，巧在“曲径”上。大家不知有没有这样的感觉，一走进苏州园林便总觉得游览线路不是曲曲折折，左左右右，就是七拐八拐，高低起伏。要知道这可不是随随便便的，那都是苏州园林“有意”的安排，目的就是要让你在不大的园林里，通过线路的变化，空间的上下，让你感觉这里似乎很大。我们常说“曲径通幽”，大概就是这个意思。现在不妨到环秀山庄来体验体验。这里的假山堪称一绝，是造园大师戈裕良的大作。假山说起来占地只有半亩多，可山上曲径要达70多米，涧谷12米。你要是从西南角的小径折进山，经崖道，踏矶石，入山洞，过峡谷，登山顶，渡石梁，跨云门，望瀑布，只觉山势峻峭，如临大山幽谷，仿佛置身于千岩万壑。这就是在弯弯曲曲的变动中达到了小中见大的实际效果。

你若到耦园去转一转，也是如此。进门向左就是一条沿墙弯曲之廊。这条廊设计得很巧妙，它采用多角度多走向的变化，便到达园的东南角，似乎廊尽路断，山穷水尽。其实它的终点通向了“听橹楼”，即由视觉空间转换成听觉空间，乃至无限的想象天地，可谓“柳暗花明又一村”。还有拙政园的柳荫路曲廊，从别有洞天到见山楼，直径只有百米，然而正是由这曲廊蜿蜒于柳荫之下，曲水之旁，山石之间，由此美景随之不断变化，似乎园子也层层叠叠豁然开朗了。反过来假设一下，要是苏州园林游览线路都是直来直去，一览无遗，那还有多少景色可以欣赏。

要讲对“曲径”最有感受的，莫过于拙政园西部的波形水廊。我国园林学家金学智，对此研究很深，他在《苏州园林美学》一书中，作了详尽的审美分析。我把它归纳为三点：一是走在上面的感受。由水廊的南端向北走，走出二十几步便有一种向上迈进的感觉，经过身边四五根廊柱后，接着往前走就觉得在缓缓地下行，接着又左弯右拐地经过四五根廊柱，来到一座临水小亭，然后继续右折前行，便有一种向上伸展之感。如果把这两端波状线连接起来看，便是有起有伏，又有张有弛，大有书法中一波三折之飘逸灵动之美。二是从对岸来看波形水廊。展现在你眼前的，不仅是水廊凌驾于水上呈现出的一种波浪形，而且水廊屋面也是波澜起伏的，给人以蜿蜒、优雅、波动之美。三是再把它放在水环境中来观赏。这波形水廊，廊下是水，廊边是水，每当清风吹来，水面便是波光粼粼，与这波形水廊，上下辉映，相互起伏，让人也不由心波荡漾，美意连连。

第二，巧在“藏露”上。“景愈藏，景界愈大；景愈露，景界愈小。”这是前人的总结，这很有道理。大家都知道，公文写作上有“开门见山”说法，就是要把所表达的主题观点一下子就亮出来，不要含糊其辞，躲躲闪闪，要一目了然。然而这园林的做法却有点相反。为了让人感觉小里藏乾坤，却常常用“入门见山”“藏”的方式，把它所需要让人看的，在入门后先用山石遮挡着，为的是让你在心理上有一个期待，美景还在后头呢。比如留园进门后的处置就很典型。一进门就有点“压抑”，先是一条窄长而又略带阴暗的过道，再左折右拐，才见到一个面向天井的敞厅，算是有点重见天日之感。这还不算，从这儿再穿越窄弄，便来到被称之为“古木交柯”的天井。而到这里，你透过靠北墙上的六个漏窗，或再朝西穿过洞门，这才看见园林中部景区的庐山真面目。这里园主就是通过高墙间窄长的过道和天井的时暗时明，最终豁然开朗，由此达到欲扬先抑的无限空间。

还有狮子林里的“卧云室”，它是一种结构别致的双层楼阁式建筑，要不留心，你还看不到它，因为它被湖石假山和石峰包围着。若要见到它的庐山真面目，就要透过湖石之孔，或者要仰视假山石峰，真有点“寻常看不见，偶尔露峥嵘”深藏不露的味儿。由此拓展了园林的空间。

第三，巧在“分隔”上。或利用围墙院落相对隔离，或采用花木似隔非隔，半遮半掩。如苏州留园，她就是通过院落建筑把全园划分为30多个大小不一的区域，组成了园中有园、园外有园的格局，况且十分自然，既分又合，浑然一体，由此增加了景观的深度和广度。记得文学家欧阳修在《蝶恋花》词开头这样写道：“庭院深深深几许？杨柳堆烟，帘幕无重数……”大家想想，小小庭院为什么能让人产生这样的幽深感呢？这主要是眼前的垂下的杨柳，像帘幕似的似挡非挡起到了作用，由此形成视觉上纵深度。这样的感觉我们在拙政园中部的东侧，也能真切地体会到。每一回你来到这里，向西遥看“柳阴路曲”的游廊，见到一带绿柳，柔条千缕，拂地临水，如烟如雾，其后的各种景色，更是似藏似露，时有时无，变化莫测。还有利用桥廊花窗分隔空间的。如你站在拙政园的小飞虹廊桥向南看，那里有“小沧浪”廊桥，还有得真亭、松风阁以及回廊组合起来的一个水院。最绝妙的是小沧浪桥似一个小家碧玉一般横卧水面，那么轻盈，那么灵动。其实小沧浪后南面的白墙，实际上已是拙政园最南端的墙界了，然而这一建筑却被巧妙地设置在界墙的前面，又是水的尽头，但是，对于站在小飞虹桥上向南观赏美景的人来讲，潺潺流水从自己站着的桥下经过，又慢慢流过小沧浪桥下，再流向哪里呢？其实到此，它所起到的效果是显而易见的，园林虽不大，但水是鲜活的水，是源源不断的，水正在通向远方，那种开阔天空也是可以想象的。同样，你如果反过来，站在“小沧浪”上，透过“小飞虹”朝北望，便能看到荷风四面亭，还有再远一些的见山楼，以及其他景物，似乎看得很远很远。

第四，巧在“借景”上。这好理解，就是你站在园林的不同位置，便能把园内包括园外的景色纳入自己的视野内，由此来拓展园林的空间范围。这主要有远借、邻借、仰借、俯借、水借等手段。比如到过拙政园的都知道，导游通常要带游客到园子中部的倚虹亭来。这里便是闻名的“远借”最佳处。你抬头西望，近处一汪池水映着青天白云，两旁的石岸树木悠然而去。不远处依稀可见的是曲廊、曲桥、假山、亭子等等。再把目光送向远方，就是高高耸立的北寺塔，要不说明，大多数游客还以为北寺塔就在园内，其实它位于墙外的人民路旁。若是傍晚，当西边的天空红霞万丈，那拙政园便披红戴金，色彩斑斓，光影无限，更显得妖娆妩媚，楚楚动人。

再看精致。对这一点以往我没那么在意，也似乎不以为然，总以为凡是园林都是那样的。然而一次偶然的机会，让我有所领悟了。那是几年前，我和几个朋友去临近的一个地方游览。陪同的导游一听我们是从苏州来的，便很热情地推荐我们去看看他们那里有名的园林，还特别强调怎么怎么个好法，甚至还说一点也不比苏州园林差什么的。被导游那么一刺激，原计划不打算去的，现在我倒要去看个究竟。心里还想，园林还有比苏州好的？应该讲我主观上没有什么偏见，也是怀着期待之心去的。然而这一去我才领教，这倒不是我嫌这园林怎么不好，这园子占地面积很大，也挺有点风光，还有点西洋气息。但从实际情况看，还显得比较粗犷，尤其是中心花园水池周围堆砌的那些太湖石，有点像幼儿园小朋友搭的积木，排排坐吃果果，不要说美感了，甚至连点章法也没有。我们总说不怕不识货，就怕货比货，这一比较，我更对苏州园林的精致肃然起敬。那么这种精致主要体现在哪里呢？要我看主要有三个方面：

一是精心布局。这是造园的一个重要前提。就是对园林所要表达的主题思想、风格走向等等都要有一个总体的考虑和思路。这道理如同我们写文章一样，事先都要有一个中心主题，要有一个基本框架，然后分清主次，层层递进，前后呼应，融为一体。正如著名教育家叶圣陶在《拙政诸园寄深眷》所精辟论述的那样：设计者和匠师们一直追求的是务必使游览者无论站在哪个点上，眼前总是一幅完美的图画。为了达到这个目的，他们讲究亭台轩榭的布局，讲究假山池沼的配合，讲究花草树木的映衬，讲究近景远景的层次。总之，一切都要为构成完美的图画而存在，决不容许有欠美伤美的败笔。也正因为这样，所以大家感觉到没有，即使你还不太会拍照，或者说不内行，但我敢保证，在苏州园林，你不管是站在哪个角度，也不论在什么季节，只要你会按下照相机快门的，你拍出的照片一定不会差，张张可做明信片。这是为什么？恕我直言，并非我们的摄影技巧有多好，而最根本的是苏州园林的每一场景都可入画，若要你再能注重移步换景，或是借窗看景，或是善用光线，或更高层次一点，融入自己的思想、情感，会传递一种意境，那你拍出的照片就更胜人一筹，更富有艺术感染力了。大家也许都有过这样的经历，在几十年前，每每收到朋友从远方寄来的明信片，尤其是看到上面印着的一幅幅来自天南海北世界各地的风景名胜便很惊讶，很羡慕，觉得那些地方太美了。可如今要是来到苏州园林再一看，才恍然大悟，原来自己过去见识太少了。其实我们苏州园林的景色恐怕一点也不比那些地方差。

二是精挑细选。就是说对园林的一切用材，绝不是什么，装进篮里就是菜，而都是要通过严格筛选的。就拿造园的太湖石来看，先要问其出生地。最佳的选择，要来自本乡本土的苏州东西山的太湖石。这还仅仅是第一关。第二最好是要从太湖水里挖出来的太湖石，其质地、颜色更为上等，最后就是要看它的造型和纹理。还有对园林里栽什么树，包括大小、姿态，也都是要反复构思，合理选择。

三是精雕细刻。在苏州的园林里，尤其表现在装饰上，无论是门窗，还是摆设，都显得那么用料讲究，做工细腻。比如网师园门楼上“藻耀高翔”的砖雕，耦园山水间落地长窗上刻制的“岁寒三友”，刀法精炼，造型生动，栩栩如生，令人叹为观止。大家知道，苏州网师园素有“精品园”之美称。难怪园林大家刘敦桢先生对其精巧风格大加赞赏：“园内建筑以造型秀丽、精致小巧见长。”比如“竹外一枝轩”、“射鸭廊”一带，这里上有万川挂落，下有万字美人靠，一切那么玲珑精美。还有轩廊的空窗洞门，有正圆形，也有纵四方、横四方、横八方的，比例适当，恰到好处。再瞧瞧轩东壁所嵌的玉石浮雕，松、石、竹、兰、菊，以及海上仙山楼阁，都十分精细雅致，令人赏心悦目。

也正因如此，这也不能不让向来挑剔的外国人士也钦佩万分。于是便有了这样的佳话。说是二十多年前，新加坡相关人员来中国谈工业园区合作时，曾到过不少城市，为的是寻找最佳合作伙伴。然而最终为什么偏偏选中了苏州呢？据说这里最关键的一点是：时任新加坡国家领导人李光耀来苏考察时，一下子就被苏州的古典园林和双面绣的绝活深深震撼了，在他看来，既然苏州传统工艺如此细腻精雅，那么如今发展现代化的高科技肯定也会更加认真细致缜密。于是便一锤定音，把两国的合作项目放在了苏州，这也就是如今在世界上都小有名气的中新两国合作的苏州工业园区。事后证明，李光耀的眼光太精准了，工业园区近二十年的发展，比想象的更好。据网师园的负责人介绍，两国之间的合作项目当时就是在这网师园里谈成的。看来这苏州园林里的气场是相当大的。

因此，当你来到苏州园林，不管是去哪一个园子，也不管是什么时候来，我可以说，你都会被这里一切景色所感染，所征服，所陶醉。因为不管你怎样去看她，呈现在你眼前的总是那样少有的精美，那样唯有的清秀，那样特有的意境。在这样的优雅环境里，这样的神仙之地，可以说让你不绅士也不行，你会仿佛觉得自己也有品位了，讲话的声音也放低了，心情自然更是飞扬起来。不错，这就是我们充满诗情画意的苏州园林，这就是我们苏州可以诗意生活的园林，这就是我们“三生花草梦苏州”的园林。

最后看看自然。这无疑是苏州园林最为绝妙之处。正如明朝造园大师计成所说的那样：“虽由人作，宛若天开。”这八个字也是对苏州园林自然之美的经典概括。说到这有人可能会不以为然，甚至有人还会质疑，自然这东西哪里没有，只要睁开眼睛，到处都是自然风景：高山峻岭的原始，黄土高坡的野性，青山绿水的抒情，红高粱地的质朴，一草一木的趣味，等等等等。

然而，在我看来，这恰恰是苏州园林最让人叫绝的地方。因为这种自然是发生在一个繁华的都市里，是在自己朝夕相处的家园里，你曾想过吗？你曾见过吗？依我看，这完全是东方人把中国传统文化的天人合一的思想，融进了人居环境的生活之中。

了解一点中国传统文化的都知道，无论是儒家道家还是佛家，尽管在许多问题的认识上有所差异，但在人与自然的关系上倒是相同的，即人和自然应该是和谐的、共处的，也是协调的。因此，从这个意义上看，苏州园林更是人类文明史上，第一次把生活与自然完美结合在一起的一种全新创造。这大概也是苏州园林之所以会被列入世界遗产名录的根本所在。难怪联合国教科文组织会对其作出如此精辟而又深刻的评价：“没有哪些园林比历史名城苏州的园林更能体现出中国古典园林设计的理想品质，咫尺之内再造乾坤。苏州园林被公认为是实现这一设计、思想的典范。这些建造于11—19世纪的园林，以其精雕细刻的设计，折射出中国文化中取法自然而又超越自然的深邃意境。”由此，我们在游览苏州园林时，切记不要忽略这一点。你可以想想，苏州园林真要是离开了这一自然之本，那她还是苏州园林么？那她还有如此这般的生命力吗？尤其在当下人们都在追求回归自然向往原生态的今天，她还会有如此的魅力吗？

那么，这苏州园林究竟是怎样来实现这种取法自然的？又是如何用艺术的手法来实现超越自然的？我们不妨来好好品味品味。

一、用模仿的手法表现自然。山水是园林必不可少的要素，因此，它在把自然引入其中时，首先是以大自然的山水景色为范本，吸取精华，融入小天地。自古以来，苏州城里从没有过山的踪迹。由于地处水网地区，水倒不缺。于是这些苏州私家园林的园主们，全凭着对大自然山水的向往和追求，尝试着堆山掘池，硬是无中生有地弄出了山水。当然绝不可能大山大水，纵横千里，因为园林就巴掌大那么一个地方，想象可以但做不到。唯一的办法就是因地制宜，缩小比例。私家园林的历史尽管已走过了千年，但我想，园林最初的自然形态大概就是这样的，一切都按大自然的真山真水去临摹。比如拙政园中部，模拟的就是太湖湖岛风光。从南面的远香堂北望，池水空旷，池中几个岛一字排开，主山居中，略高一点，上面有雪香云蔚亭，东面山势低缓，上有待霜亭，岛之间都有曲桥连通。山谷有溪水潺潺。这里或桃红柳绿，或荷花飘香，或枫红橘黄，或雪压枝头。整个场景，给人完全是一种湖岛自然之韵体。

当然，这种模仿是否逼真自然，往往还取决于细节的处理。比如这堆山叠石就很有讲究。凡去过环秀山庄游览的人，大概对那座大假山会留下深刻印象。很多人一开始还以为那座假山是天然的，本来就长在那里的。殊不知那杰作完全出自园林大师戈裕良人工之作，它全是用苏州洞庭西山的太湖石一块一块垒出来的。稍有一点常识的人都知道，这堆假山可不像砌砖墙，只要横平竖直砌起来就行，它既要考虑造型，还要注重衔接，使之构建起来犹如真山一般。如何解决这个问题，按照行家的说法，一个重要的环节就是要注意石头的纹理走势，把住了这一条，也就成功了八九成。还有缝与缝的对接。戈裕良大师的高明之处就在于能够根据石灰岩的特性，让其灰浆隐于石缝之中，并经过日晒雨淋，自然风化，久而久之，使之石缝自然弥合，天衣无缝，一脉相承。

难怪著名美学大师王朝闻，在游赏了环秀山庄的假山后会发出这样的感叹：“园林可能使人感到仿佛面对自然，这要看它建筑得有没有天趣。环秀山庄那座假山虽然是人工堆砌而成，但是堆砌得十分自然……使我仿佛置身于天然环境之中。”这也许就是我们常说的，达到了以假乱真的地步。

有了山水的自然，当然也少不了要有花草树木来点缀相配。这似乎不是多大的难事，可要做到自然就有它的讲究。凡去过欧洲旅游的人都有一个明显的感觉，那就是他们园林里的花草树木，或是排列整齐，一排排，一行行，像是军人列队等待着检阅似的；或是留下了明显的人工痕迹，树木被修理得几乎是模子里倒出来的，不是方形就是球状。也许他们的审美观与我们不太相同。而我们苏州园林，你所看到的花草树木则是另一番情景，一切顺其自然，对任何树木从不加以齐刷刷地修整，倡导的是参差不齐，千姿百态，各不相同。只是在布局上、品种上会根据不同地理位置，不同周边环境，乃至不同季节，给予合理安排。总而言之，就是要让游人看得顺眼，觉得自然，产生美感，这是最基本的原则。

二、用艺术的技法写意自然。如果说私家园林最初的自然形态是靠模仿得来的话，那么到后来，更多地便融入了艺术的手法。依我看，它既是事物发展的必然，也是苏州园林融入人文属性之所在。通过前面的介绍，大家了解到，苏州园林大都属于私家园子，一个“小”字从客观上限制了展示大自然的空间。由此，如何在小天地里照样能享受到更多更好的大自然的意境，就成了一个不能不去思量和迫切需要解决的问题。当然，天无绝人之路，唯一的选择，就是要用艺术手法去开创，去超越。因此这一开始的构思设计十分重要。从山水的位置，亭台阁廊的安排，花草品种搭配，游园的路径，乃至一块石头的堆放，一棵树木的造型等等，都是要反复斟酌，多方推敲。最终使得园林看上去既很自然，又很优美。尽管谁都知道这园林都是通过人工做出来的，但让人看了就像天生的一样，没有人为的硬伤、痕迹或突兀。我想这大概就是艺术的高明之处。

确实如此，苏州园林到后来，实际上不仅仅是一种与自然的融合和回归，更重要的是达到了那种艺术化了的自然，或者说是创造了自然，超越了自然。从这个意义上看，苏州园林的自然可谓既有了自然的属性，又提升到了更高的艺术境界。由此她也就更具有审美价值，更具有经久不衰的艺术穿透力。由于苏州园林空间有限，时常堆土为山，一方面占据空间太多，另一方面也难以模仿出雄伟高耸的山体气势，所以造园家们常常采用一石为山、一勺为水的写意手法点到为止，给予一种象征，给予一种想象。比如在网师园殿春簃庭院北面后窗的一块小小空间上，堆放着一二块玲珑的太湖石，旁边紧挨着的是几枝翠竹，几株芭蕉，还有一些草本花木，由此构成了一幅看似简洁却又给人想象无限的山林画面。

还有苏州园林在水的运用上，在模仿自然的同时又不拘泥于自然，更重要的是充分利用和发挥水的灵性，经常以水池为重心，辅以溪涧、水谷、流水，综合建筑、叠山、花木建造出各种各样的景观。如网师园的水池就是理水的经典，水面不到半亩，东南设溪涧，西北有港湾，给人以水道流长之感；池周围还有亭榭、平桥，从而布局出一种水面开阔浩荡之势。与此同时，每当水面一片宁静，你便可从水中感觉倒影独特的神韵，或天光云影，或树影婆娑，或假山掩映，或屋宇楼台，或鱼儿相逐……我们常听画家画山水有“咫尺山林”、“咫尺万里”写意的艺术手法，其实苏州园林在这方面有着异曲同工之妙，可以说完全达到了出神入化的地步。

当然，苏州园林的自然，还来自园林三要素之一的各种建筑。虽是纯人工建造的，可由于她能与四周景致很好地融合，使之园林从整体上去看，就显得十分协调。这主要归结于建筑物在园林中的布局、造型和色调。苏州园林的布局是一种自由式的，比较随意。这种布局其实是与园主心态紧密相连的。因为他们大多是落魄的官员或是文人，在仕途上他们无所苛求，只想躲在自己的园子里无拘无束自自在在，所以他们造园绝不会像皇宫那般中规中矩，只想把建筑融入自然山水中，当然还要尽可能做到可住、可行、可游，令人心情舒畅。比如拙政园远香堂周围，东面是山、亭、墙组成的旱园，西面却是由山、廊、轩连成的水院，这种布局就像中国的山水画，追求自然趣味。还有留园池南的涵碧山庄、明瑟楼和池东曲溪楼，是一组高低错落相接的建筑群体，内有小院，在两峰和绿树衬映下，显得造型丰富而又变化。苏州园林里的建筑造型也是样式多变，形体各异，从总体上看，显得比较轻巧、得体、富有美感。还有体现在色彩上也比较吻合，白墙黑瓦，棕色门窗框，一切与其周围的环境相融洽，由此组成了苏州园林特有的融山水、花木、建筑为一体的自然形态。

即便是用当下人们的审美眼光看，苏州园林这样完全被自然化了的生活境地，依然是人们梦寐以求的，也是首选的。难怪在平常聊天时就时不时听到不少朋友总是对园林充满憧憬，现在要是在苏州城里有一套园林住宅，那该多好。其实这样的人大有人在。苏州画家叶放早在十多年前，就构建了“南石皮记”园林。吴江陈金根的“静思园”，便是古典园林在当下的传承，可圈可点。

不过说到苏州园林的自然美，可能也有一种误区，在通常情况下，不少人以为人工造出来的东西总不如天然的来得那么好。持有这种观点的人恐怕还不少。当然纯天然的东西是无可挑剔的，也实属难得。但我们也绝不能由此而否定后天人为的作用。曾记得报纸上有人曾这样评论过苏杭两地，说是苏州园林人工雕琢得多，杭州西湖则是浑然天成的，言下之意也就再明白不过了。在此我倒要说上几句。大家可以细细想想，古往今来，那么多的名家字画，流传千年，价值连城，这不就是纯人工所为么？这难道又能说她一定不如天然的么？在我看来，正是由于这人为，源于天然，因而时常能和天然媲美，有时甚至完全可以达到高于天然的境界。再比如一块璞，在还没有加工纯天然时，当然很不错，然后某一天一旦经过人为加工，她便会如同芙蓉出水，更加光彩夺目。老话说“玉不琢不成器”，就是这意思。

最后，问题回到原点，假如你对苏州园林真的很感兴趣，也真想品赏出一点味来，凭我经验，至少还要注意把握三点。

一要作好积累读园林。这绝不是说知识文化不高的人不能看园林。只是说你对园林真要有所了解，还能看出点名堂来，那就要看你的知识、阅历准备情况。积淀愈深，懂得愈多，你就会愈有兴趣。因为苏州园林是一门综合艺术，涉及范围很广。你若积累不多，就很难读懂园林。别的不论，就看那诗词典故等等，就让人要好好掂量掂量。比如拙政园西部有一亭子挂着的匾额上写着“与谁同坐轩”，这是什么意思？出自何处？你若仅仅从字面上去看，便以为是说旅游者是否来此一起同赏美景。如真那样也太肤浅了。要知道，这轩名取自苏东坡的一首词中的一句“与谁同坐？清风，明月，我。”而对苏东坡大家也许有所了解，向来比较清高。园主把它用在这里，则是借此隐喻了自己的高尚，而非同一般凡夫俗子。也是在这拙政园，在其中部有个主厅为“远香堂”，前面种满了荷花。这“远香堂”隐喻着什么？原来这里用的典故就是宋代周敦颐的《爱莲说》里的：“出淤泥而不染，濯清涟而不妖……香远益清，亭亭净植。”这里表明的是园主的处世哲学，就是不管在什么情况下，做人都要自洁自清。

凡到过沧浪亭的都会看到，在沧浪亭石柱上，有一副既通俗又富有哲理的名联：“清风明月本无价，近水远山皆有情。”这出自谁之手？据说这是后人合二为一的。说是宋朝庆历年间，苏舜钦被贬官来到苏州后，便以四万钱买下了沧浪亭隐居其中。他的好朋友欧阳修对他的不幸遭遇深表同情，并专门作诗《沧浪亭》，为其赞赏。诗里其中两句这样咏道：“清风明月本无价，可惜只卖四万钱。”而在这之前，苏舜钦曾作诗《过苏州》，其中就有这样的诗句：“绿杨白鹭皆自得，近水远山皆有情。”到了清代，沧浪亭的新主人梁章钜，由于精通历史，熟于掌故，在重新修整沧浪亭时，便融历史、名人、园林、诗篇为一体，把欧阳修和苏舜钦的诗句来了个诗句联，“清风明月本无价，近水远山皆有情”，不仅珠联璧合恰到好处，而且把沧浪亭的隐逸的主题更加明确而又含蓄地点到为止，让游人目睹此联，展开无限美好的想象和深深的思考，人生应具备什么样的品格？胸怀又应该怎样地宽广？最终又该做一个怎样的人？看来这里面真大有学问。

还有艺圃的砖雕门楼上写有四个字“刚健中正”，一听上去就充满锐气。那么这指的又是什么？原来这与园主的为人有关。这园主就是文徵明的曾孙文震孟。他可是明朝天启元年（1621）的状元，官做到礼部左侍郎兼东阁大学士（即宰相）。还为天启、崇祯两个皇上讲过课。他向来为人正直，旗帜鲜明。然而也正是他的这一性格，导致他经常看不惯奸臣魏忠贤等人。最终被排挤免职。回到老家苏州后，他心情一直不好，第二年便抑郁而死。其弟文震亨与兄的性格也差不多。1645年6月清兵攻进苏州城，文震亨避难到阳澄湖。后听清政府下剃发令，他就投河自尽，却被人救起。后又绝食殉国，死得也很刚烈。这门楼上的额题就是文氏兄弟品格的一种真实写照。要说这方面的学识，也实在太多了，在此就不一一列举了。

二要放慢脚步赏园林。这些年，也许是社会发展太快了，人们的工作压力加大了，急功近利也成了时尚，一句话，一种社会性的浮躁心理正在四处游荡和弥漫。于是出现这样的场景已是习以为常，见怪不怪。超市里排队付款，时间稍长一会，有人就不耐烦，大声嚷嚷张口就来，怎么那么慢，快点快点，我还有事呢。似乎世界上还有什么伟大的事业正等着他去做似的。还有汽车过红绿灯，前面的车子启动要是稍慢一拍，后面的车子，准把喇叭按得直响，似乎别人耽误了他。要我看，如今不少人也早把这种浮躁心理带到了园林。他们恨不得几分钟就把园林搞定。恕我直言，如果真是那样，就别去了。这赏园林可不能像赶超市那样，你得要静下心来，你要放慢脚步，你要学会细嚼慢咽。人们都说，熟悉的地方没风景，我还要说快步中同样欣赏不到美景。如果苏州园林真那么简单，那世界文化遗产大概都要重新审视评估了。

三要在人少的时候品园林。苏州园林由于园子空间毕竟不大，不太适合大流量的人马去游览观赏。而现在对入园也没有明确的人数限制。显然，这样不利于观赏效果。这种状况恐怕近几年还改变不了。由此作为一个旅游者，若真要去欣赏一下苏州园林，我建议你最好避开人流高峰期。比如像五一、十一、暑假等节假日，还有每天上午的十点到下午三点。因为这个时段入园的人数比较多。园林本是一个特别幽静的场所，这种氛围自然需要相应的宁静和心境去融合。难以想象，园林里都要是人挤人、人轧人，那你还怎么去感受园林？又有什么样的心情去感悟园林？

而这方面园林部门正在不断探索。据媒体报道，从去年开始，拙政园对游客进行“私人订制”，即在夏季每天早晨开园前，拿出一个小时，对预约的游客开放。当然这有规定的人数，通常分成若干个小团队。由此，独享这清晨园林里特有的宁静，品赏这没有了日常园林那种人山人海喧闹的纯静。据说这“私人订制”推出后，很受游客欢迎。

其实，这方面还有很多潜力可挖。前些时候我遇上园林部门的人士，就向他们建议，今后是否能把园林晚上的时间利用起来，也来个“私人订制”。每晚人数控制在十几个之内，或是找上一些朋友，或是几户人家，待园林到晚上闭门后，特向这些“小众人群”开放。甚至让他们住上一个晚上，听听评弹，品品昆曲，走走园子，尝尝小吃，切身感受园林里的苏式生活。我想那注定是十分美妙的，也唯有如此，才更能体会到园林的别有一番滋味。

此外，在季节把握上，可根据自身的爱好，或春夏，或秋冬，或晴天，或细雨时分，不同的时候会有不同的感受，当然最终还取决于你的审美取向。

总而言之，苏州园林是一本博大精深的书，也是一本秀雅无比的书，愿大家都来读一读，看一看，品一品。

第六讲 人间哪得几回闻 此曲只应天堂有

昆曲是怎么一回事？她与苏州有着怎样的渊源？昆曲已缠绵了六百年，曾是那样地星光无限，可到后来怎么就慢慢地暗淡了？都说昆曲雅得令人窒息，那她到底雅在何处？当下昆曲似乎又回到了人间，生活还渴望昆曲吗？

大家注意到没有，这些年似乎早已被遗忘的昆曲，好像一夜之间，春风吹又生，又热闹起来。特别是2001年5月18日，当她被联合国教科文组织宣布列入世界首批“人类口头和非物质文化遗产代表作”后，便很快进入了人们的视线。据说那次昆曲入选，不要说广大民众，就连一些圈内的专家学者似乎也没做好更多心理准备，据传申报也仅仅是抱着试试看的心态去的，自然更谈不上像我国申办第29届北京奥运会那样有把握。当然也不是什么无心栽柳柳成荫之意。

接下来更是好戏连台，高潮迭起。先是2004年冬，新版《长生殿》进京公演，引起不小反响。然后《1699·桃花扇》新版，又让人眼前一亮。最意想不到的是，2006年由台湾作家白先勇全新策划并主持制作，海峡两岸及香港地区艺术家携手打造的青春版《牡丹亭》，在大洋彼岸美国西海岸连演12场，场场爆满，犹如于无声处听惊雷，顿时把美国观众惊呆了，来自古老东方中国的昆曲，会有如此这般不可思议的风雅和魅力，他们不能不惊叹，不能不折服。在好长一段时间内，让一向高傲无比自以为是天下老子第一的美国人，也不得不闪动着蓝眼睛，开始重新审视别人：看来这个古老的东方国度还真不可小视。据媒体报道，一些戏剧评论家甚至把这次巡演和1930年梅兰芳轰动美国东西海岸的巡演相提并论。而在这前后的2004年到2013年底，青春版《牡丹亭》已在国内外演出230多场次，如台湾、香港、杭州、上海、北京、澳门、天津、南京、深圳、桂林、广州、厦门、西安、成都、福州、武汉、合肥、重庆、郑州、江西，还有伦敦、雅典、新加坡等地，所到之处无不刮起一股昆曲旋风。

说到这，有人可能会说，你今天怎么又扯到昆曲上来了，难道这又和苏州有什么沾亲带故吗？嘿嘿，算是说对了，要不这苏州怎么好称天堂呢？要知道，天堂苏州从来不是仅仅只有她美丽的自然景色，繁华的街市，她当然还包含着文化层面诸多的精神的享受。这昆曲便是从这天堂的百花园里绽放出来的一朵奇葩，更形象地说，她是一朵幽香的兰花，那么典雅，那么高贵。那种幽香又总是淡淡的、悠悠的，飘然而至，直至你的心田。即便到了今天，就是用当代人的眼光来审视，昆曲她依然是绝色佳人，美轮美奂，无与伦比。

也许是昆曲沉寂得太久太久了，也许是昆曲太曲高和寡了，别说一般普通民众，就连一些文化人士，恐怕对她了解也不多。

也正因如此，我想就更有必要对昆曲这一世界非物质文化遗产作一些基本的介绍，让大家知道一下昆曲究竟是怎么一回事？她与苏州有着怎样一种内在的联系？昆曲已走过六百年的历史，曾经是那样星光灿烂，可后来怎么就那样渐渐衰败了呢？都说昆曲雅得让人窒息，魅力无穷，那么她到底雅在何处？魅力又在哪里？如今昆曲似乎又回到了人间，人们还需要昆曲吗？……下面就让我们带着这些问题，一起走进昆曲，当然也可触摸一下那份历史残存的余温。

为了便于大家对昆曲发展的脉络有一个大致的了解，我们就从每个时期对昆曲起到过关键作用的人物说起。

第一个出场的就是顾坚。这个人估计许多人还没听说过。不过我说另一个人大家可能比较熟悉，他叫顾炎武，“天下兴亡，匹夫有责”那句经典就出自他之口。这顾坚就是顾炎武的同乡，苏州昆山千灯镇人氏，自号风月散人。不过，他俩不是同时代人，顾坚出生时间要比顾炎武早了那么三百多年。就在顾坚那个年代，一种叫南戏的剧种在东南沿海比较盛行。而南戏最早形成于浙江温州一带。最初南戏都是采用民间歌谣为曲调的。到后来由于她流传于民间，每到一个地方又都被用当地的方言在演唱，有时还和当地的民歌和土戏相结合，久而久之，便慢慢地形成了不同的地方唱腔。

当时最明显的有四种，分别是浙江的海盐腔、余姚腔、弋阳腔，还有就是苏州的昆山腔。这昆山腔就是昆曲的前身。那她为什么能脱颖而出呢？这就和顾坚密切相关，他可谓功不可没。他的功劳，简单地讲就在于通过他对昆山腔不断打磨，使得原来比较“俗”又稍带“土”气的唱腔，逐渐变得好听乃至有点“雅”的味道了。在四个唱腔里，昆山腔原来只能算是小腔，但后来明显地超过了其他。从此昆山腔开始崭露头角，有了一席之地。

然而真正让昆山腔改变命运的，这就是我们要推出的第二个人物，更准确地说这是个重量级人物，他就是被后人尊称为“曲圣”的魏良辅先生。要知道，在中国古代，要不是这方面最杰出的人物，那是不可能这样相称的。他的突出贡献就是对昆山腔进行了大胆改良，并取得很大成功。

魏良辅生活在明代嘉靖隆庆年间，原籍江西豫章，是有名的曲家，还精通医学，长期居住在昆山东北一点的太仓县城南一带。这里曾是明代海防重镇，也是当时全国最为繁忙的内陆码头之一。历史上著名的郑和七次下西洋就是从这里出发的，所以这儿也是对外交流的一个重要窗口。魏良辅这个人，因为好昆曲这玩意，所以经常要到码头一带搜集来自天南地北的曲调，并吸取其长处，来完美昆山腔。

有趣的是那个时候，有个来自河北叫张野塘的犯人被流放到这里，他就像我们在各城市都能见到的那些卖艺人那样，他特别擅长演唱当时最为流行的北曲，还弹得一手好三弦。那时南曲基本上还是靠锣鼓，比较单一。所以他的演唱很吸引人，常常被围得里三圈外三圈。魏良辅去听了几回，很受启发，觉得太棒了，说不定能为昆山腔改良派些用场。魏良辅不愧为“曲圣”，他的眼光既犀利又精准，为了更好地成就自己改良昆山腔的大业，他竟然把自己掌上明珠心爱的女儿嫁给了张野塘。无疑，这张野塘不仅成了他的女婿，更成了他的得力帮手。

从此，魏良辅像着了迷似的，全心投入昆山腔改良。投入到什么程度？据传“用功之深，有十年不下楼”一说。这不管是否真假，但有一点是事实：他一方面广泛吸取海盐、余姚、弋阳腔之长，一方面又借鉴北曲之特点，并着重从曲调、声腔、唱法、伴奏乐器等方面进行修正创新。也许是功夫不负有心人，也许是水到渠成，最终魏良辅琢磨出一种新腔，俗称水磨调。所谓水磨调，简单来讲，就像过去制作红木家具，到最后一道工序，就是用一种天然的节节草蘸上水，在红木家具上来回擦磨，直至变得十分滑润，极有手感。这昆曲的水磨调最终便形成了被称为“流丽悠远，典雅脱俗”的艺术风格，给人的感觉就是柔软、清纯、婉转、细腻、飘逸，一改过去昆山腔略带一点“烟熏火燎”之“呛”味，现在则更雅、更好听。又比如改良后的昆山腔，唱起来张口要又轻又圆，收音要又纯又细，一唱三叹，回味无穷，绝不再是过去那般直着嗓子，不加控制。作个不恰当的比喻，就像如今有些人在舞台上唱歌那个鬼哭狼嚎声嘶力竭的样子。

还有这昆山腔最初都是以吴方言来演唱的，尽管吴方言有着许多发音优点，但她总受地域限制，难以流行全国各地。为此，魏良辅一改仅仅用吴方言演唱昆山腔的做法，而是采用更为广泛的带有北方韵的中州音来演唱。这中州音按今天的话来讲，就是类似普通话，让各地人都能听得懂。由此，这昆曲水磨调就成了当时社会上最为流行的歌曲主旋律，广泛争唱。这魏良辅自然也成了不少人心目中的大明星。届时钱谦益就说：“时称昆山腔者，皆祖魏良辅。”

那么昆曲到了这一步，是不是说她从此就万事大吉，大功告成了？或是再无可挑剔完美无缺了呢？显然不是，艺术从来都是永无止境的，时间长了，人们也发现，魏良辅的水磨腔虽好，但总局限于清唱，类似如今演唱会上唱的一首首流行歌曲那样，她还没有成为一种戏或是剧，自然谈不上什么故事剧情人物等等。在那个时代，这对广大昆曲爱好者而言，多少有点不满足，也不过瘾。他们期待着昆山腔能不断推陈出新，更好地满足观众对昆曲的需求。

都说时势造英雄。这话还真灵。就在那个当口，当昆山腔急需要转型升级华丽转身的关键时刻，又有一位高人登上了历史舞台，他就是昆曲史上第三个非常人物梁辰鱼先生，也叫梁伯龙，昆山人。他虽具文人气质，可绝不是那种整日蹲在书房死啃四书五经的书呆子，身上还藏有豪侠之气。不仅如此，他还具魏晋之风，为人潇洒倜傥。据说有一天，尚书王世贞和大将军戚继光途经昆山，到他府上登门拜访。只见他的园子里，人山人海，箫鼓声声，音乐悠悠。而此时此刻，梁辰鱼正站立其中，仰天放歌，完全沉浸在自己的昆曲之中。当然也怪不得他，因为他全然不知两位大驾突然光临，弄得王世贞、戚继光两人多多少少有点尴尬。可就是这样一个人，他很喜欢音乐，时常邀请一些士人与歌儿舞女到他家里度曲自娱。在这过程中，他不断深化了对昆山腔的认识，逐渐也有了自己心目中的昆曲。他打算创作一个剧本并用昆山腔这样的音乐调子和唱腔来演唱。

当时这种剧本也叫传奇，在明清时传奇和诗经、楚辞、汉赋、汉魏六朝乐府民歌、唐诗、宋词是并列的。明清传奇是特地为昆剧“量体裁衣”而创作的昆曲作品，所以历史上就叫她传奇，不叫昆剧剧本，其实是一回事。几年后梁辰鱼他还真成了，且一炮打响，一鸣惊人。他创作的传奇叫《浣纱记》，也是大家都熟悉的事，讲的是春秋时西施和范蠡的故事。从此这昆山腔便来了个质的飞跃，又向前迈出了大大的一步。她不再是过去单调的昆山腔清唱，而是既有剧本，又有剧曲，自然少不了其中的人物、故事、情节等等，一句话，她完全用一种全新的戏曲形式，诠释了昆山腔，昆曲也从此登上了历史大舞台，并受到社会广泛好评和热捧。一时间当时苏州戏曲音乐界的名人雅士，要是没见过梁辰鱼，就觉得自己脸上无光。随着《浣纱记》的四方流传，那些歌儿舞女就像当今的追星族一般，不管再远也要来见见梁辰鱼，甚至还要签个名什么的。各地也都争相上演《浣纱记》。先是在江苏、江南等地，后来又到了北京等。据史料记载，《浣纱记》进京后，不但流行于官宦之家，甚至还演到了紫禁城中的玉熙宫里。

总之，梁辰鱼这首开先河的《浣纱记》，把昆曲带入了一个崭新的天地，无疑对于昆曲的发展和传播都具有开创性的里程碑意义。这种意义很快便得到了最佳的印证。在明清的16世纪末到17世纪末，我国的昆曲几乎达到了登峰造极的地步，有三部杰作就此横空出世，并成为我国戏曲史上不朽的经典。

那么这究竟是怎样的三部作品呢？又是出自谁之手呢？

大家大概还记得吧，英国有个大文豪叫莎士比亚，他是世界上最了不起的戏剧家。他的戏剧《罗密欧与朱丽叶》，至今还在风靡世界。其实就在那同一时代，我们中国同样出了一位被公认为世界上最伟大的戏剧家，这也是我今天要重点介绍的第四个人物，他就是具有非凡影响力的大师级人物汤显祖先生。他的代表作就是与《罗密欧与朱丽叶》齐名的昆曲《牡丹亭》。

都说历史常常有着惊人的相似，这一点用在他俩身上恐怕最好不过了。虽说他俩分别来自东西方，可在他们身上有着太多的巧合。他们同属一个时代，这是其一。他们又都是在1616年逝世的，这是其二。当然最重要的是他们的这两部作品全都列入了世界文学宝库，成为谁也无法超越的极品。还有他们所写的主题内容也都是十分相同的，全都是有关爱情的缠绵，浪漫的梦幻等等。这真不知是上帝有意的安排，还是时代偶然的巧遇。

汤显祖出生于江西临川，也就是现在的江西抚州市。他祖上四代都是读书人，父亲给他取名显祖，其含义再也明白不过了，要他功成名就后光宗耀祖。也许是他的基因好，5岁就能作对子，21岁到南昌参加江西秋试，以第8名中举。1577年，他又前往京城参加京都会试。时任宰相是张居正，一看他才华出众，是棵好苗，有潜力，于是便托人让他和自己的儿子多交往，目的是让自己的儿子往后进入官场后，好与他强强联手，相互帮助。可这汤显祖做人挺有一种傲骨之气，不愿拿人格作交易，不想攀附权贵。就这样他毫不犹豫地拒绝了张居正的要求。当然等待着他的也是预料之中的，张居正的儿子高高中榜了，他落第了，而且接二连三，四度名落孙山。直到万历十一年（1583），张居正死后次年，他才考中进士，这年他已34岁。虽说他弄上了个一官半职，任南京太常寺博士、礼部主事，其实那是一个闲职，没有多少事要做。可他那特有的性格，总让他不那么“安分守己”，只要他看不惯的人和事，不管是谁，他都要站出来论论理儿，提提意见。就在万历十五年至十七年的那几年里，江南连年水旱，又遭瘟疫侵袭，百姓生活十分艰难。汤显祖目睹此状，便撰文《论辅臣科臣疏》上奏皇上，不仅揭露赈灾贪官，还指名道姓，抨击当朝宰辅，把万历朝的统治总结为：前十年坏于张居正，后十年败于申时行。朝野为之一震。

也许汤显祖说得句句在理，可朝野会讲理吗？什么时候又见过胳膊扭得过大腿呢？其结局当然没有汤显祖的好果子吃，把他的职免了，然后又把他贬到边远的雷州半岛去做个小官。后来又折腾他，把他发配到浙江遂昌县去做了个芝麻绿豆官。汤显祖哪咽得了这口气，他不想干了，干脆辞官回家去了。当然这绝不是说他真的不想做什么事了。然而也是他这一次的决定，从此开启了他的崭新人生，乃至给中国戏曲史创造了一个永不磨灭的辉煌。中国的昆曲也由此到达了迄今为止谁都无法逾越的巅峰境界。原来他回老家临川后，自建了玉茗堂，开始潜心创作起昆曲来了。就在当年，他仅用几个月的时间，就神不知鬼不觉地创作出了让世人震惊的昆曲《牡丹亭》。

说到这儿，有人可能会觉得纳闷了，咦，这汤显祖怎么会有那么大的能耐，怎么在那么短的时间里就创作出了这样伟大的作品？其实这一点不奇怪，等我把一些背景情况讲了，大家就能了解个八九。

大家知道，明朝中叶，自宋朝以来，程朱理学思想是很有影响的。程朱理学认为理是自然万物和人类社会的根本法则。物、人各自之理都源于天理。天理构成人的本质。在人间体现为伦理道德、“三纲五常”。“人欲”则是超出维持人之生命的欲求和违背礼仪规范的行为，与天理相对立。简而言之，理学的主张就是所谓的要“存天理，灭人欲”。在当时，几乎占据了社会的主流地位。不过社会上也存在着一股势力不小的反叛思潮，即心学左派，也就是个性主义，特别强调尊重个性发展。而汤显祖就是这方面的一个急先锋，他很推崇这种思想。

由于当时昆曲普遍盛行，不少文人也都加入了这一行列，热衷于为昆曲创作作品。这汤显祖也是个活跃分子。当然这不是说只要你是个文人，有一定的文学修养，或是懂一些音乐，就能写出好昆曲来了。而这汤显祖高人一筹在于他不仅是个文学家、戏曲家，更是一个充满理想注重人性的思想家。他有很多新理念，其核心就是一个“情”字。因此，他的创作绝不是搞单纯的狭义上的所谓艺术，而是要努力追寻能够实现心目中的理想并得以完美体现的艺术。他当然懂得，理想和现实是有距离的，不完全是一回事。即便这样，他也从不放弃，我心依旧。在他看来，自己的理想，包括爱情、幸福、梦想、婚姻，虽不一定能在现实的世界里去实现，那就让它在自己理想的梦幻里去实现完美。而这《牡丹亭》中的杜丽娘，便是他塑造出的一个对情对爱充满理想色彩的人物。

那么这《牡丹亭》究竟是怎么一个戏呢?

《牡丹亭》里故事的原型来自宋代话本《杜丽娘慕色还魂》,到了汤显祖手里,便作了颠覆性的大改动。这戏说的是在一个明媚的春天里,南安太守杜宝家的后花园已是草绿花红,香气袭人。可他的独生女儿杜丽娘按着封建礼教还只能蹲在自己的闺房中。有那么一天,当杜宝听说女儿在刺绣之余还偶尔午睡一下,他很是生气,觉得大逆不道,有失体统,需要请家庭教师好好管教管教才是,可请谁呢?在这之前女儿除父亲外还没见过其他男性,最合适的当然是女先生,但一时也请不到,最后无奈之下便选了个六十多岁又多病的陈最良老先生来执教。

问题也由此产生。开课那天,陈最良为杜丽娘和伴读丫头春香讲解《诗经》第一篇《关雎》。大家知道,那是一首求爱的情歌。可这位陈老先生却依据什么礼教,硬是讲成了别的意思。这杜丽娘读着读着便觉不太对头,最后便恍然大悟,原来自古以来,这圣人也在津津乐道这谈情说爱的事儿。

这书不读倒罢,一读竟撩起杜丽娘缕缕萌动的春思春愁,而且一发不可收拾。春香丫头见此状,便建议她到后花园里去散散心,不要老闷着。

过去按照规矩,即便是自家的后花园,女孩子通常也是不允许进去的。杜丽娘家虽有个后花园,可她还从没去过。这一回她要大胆地越雷池一步了。

那天,杜丽娘趁着父母外出,终于来到了自家的后花园。也许这里的花花草草让她久违了,也许这明媚的春色扬起了她那青春少女的情窦波澜,就在这样的氛围里,她竟然想要一个属于自己的男人了。而且这种愿望又是那么的强烈,以至她回闺房迷迷糊糊入睡后,一下子就梦到了一个手执柳枝的书生，并把她紧紧搂抱到牡丹亭，梅树下，芍药前。看来正是被那句经典的台词验证了：不到园林，怎知春色如许？

从此，杜丽娘像是变了个人似的，她整天精神恍惚，茶饭无味，估计她早就沉浸到了那个属于自己的美妙梦境中去了。可那毕竟是个梦，实在难以实现。日后她联想到自己某一天可能会离去，就连忙找来镜子和笔墨，把自己的容貌画了下来，好让自己有机会再与那个执柳书生相见。没过多长时间，她真的抑郁而死。按照她生前遗愿，家人把她安葬在后花园里。

说来也怪，杜丽娘梦见的那个执柳书生还真有，他叫柳梦梅。三年后他赶考途中投宿到这里，无意中捡到了杜丽娘的自画像。似乎是冥冥之中命中注定，杜丽娘人虽死去，可魂还在，她显形了，并告诉柳梦梅，只要打开她的坟墓，自己就能复活。柳梦梅照办了，她便真的起死回生了。他们俩便成了正式夫妻。

看上去，这《牡丹亭》里的故事情节，还真像杜丽娘做梦那样有点不可思议，甚至荒诞。谁都知道生可以死，死可以生，死了还可以活过来，那是不可能的。可汤显祖却为什么偏偏要如此这般呢？大概没有别的注解，一切还都缘于一个“情”字。看来真是“问世间情为何物，直教人生死相许”。

据说汤显祖在创作《牡丹亭》时，总把自己关在书房里，为杜丽娘苦思冥想，常常为了一句更贴切的话而发呆半个时辰。有一天，家里人怎么也找不着他，急得团团转，最后发现，他正卧在院子柴堆上失声痛哭。一问才知道，原来当他写到杜丽娘已死，春香收拾她的东西，眼见得当年的旧罗裙还在，却物是人非时，也正是这一句“赏春香还是你旧罗裙”，使他一时间不能自持，哭倒在地。汤显祖就是这样一个充满真情，多情而又深情的人。

完全可以这样说，《牡丹亭》的出现，它撼动了天地，震慑了灵魂。当时的文人学士们几乎人手一册，被称为天下第一本好戏。正如有位学者所说的那样，《牡丹亭》寄托了汤显祖的全部理想，那杜丽娘这一形象，更是汤显祖追求自由理想的一种化身。自1598年始，《牡丹亭》以其典雅唯美的演绎手法，冲破藩篱的自由自在，四百多年来不绝于舞台，剧中的至情至爱，超越了时空，不同的文化背景，不同年龄，不同时代的差异，感染了无数人。也就在那时，有一个叫冯小青的扬州女子，来到杭州给人做小妾。也许她受尽折磨，婚姻很是不幸。当她看了《牡丹亭》后，感于身世，气绝而亡。临终前便写下了这样的诗句："冷雨幽窗不可听，挑灯闲看牡丹亭。人间亦有痴于我，岂独伤心是小青。"这就是《牡丹亭》阅读史上最负有盛名的悲情。

下面我们再来看看另两部大作。

清代康熙年间，曲坛上升起了两颗耀眼的新星，当时就有"南洪北孔"之称，这就是昆曲史上第五第六个有名人物。这"南洪"就是洪昇，"北孔"就是孔尚任。其代表作分别是《长生殿》、《桃花扇》。先说这洪昇，他生于1645年，浙江钱塘人，从小接受的是正经的儒家教育，在当地也小有名气，15岁时就创作了不少诗词歌曲。不过他的仕途也不那么顺。到43岁那年，他虽在国子监熬了20年的太学生，可始终没有得到个一官半职。也许是东边不亮西边亮，就在那度日如年的日子里，他却悄悄地用了十年时间默默地创作出昆曲《长生殿》。大功告成，他不免欣喜若狂，又迫不及待地呼朋唤友，在自己院子里让人来排戏演唱。可也不巧，那些天正值皇后刚刚病逝，按规定也是要停止一切娱乐活动的。这还了得，洪昇被人举报关进了大牢。当时就有人做诗扼腕叹息："可怜一出长生殿，断送功名到白头。"

洪昇的《长生殿》，讲的是大家都比较熟悉的关于唐明皇和杨贵妃的爱情故事，但他又不是就事论事讲爱情，而是把他们的爱情融入到安史之乱的历史大背景中去，将爱情与政治紧密地结合在一起，又暗含着痛失江山的民族情绪。这和清初年间人们追忆故国的心理十分相融，由此在社会上引起了强烈的共鸣和反响。

此外，这部作品的艺术价值极高。用一位对昆曲研究颇深的评论家、教授的话讲，就其《长生殿》的曲调，也是后来一般剧目远远无法比拟的。今天即使不了解昆曲的人，翻看这剧本，也会被其中的文辞和哀婉所倾倒。实在令人难以想象，如此雅致的唱词竟然在那个时代达到家喻户晓的地步。

然而，对洪昇而言，倒霉也算倒到家了。康熙四十三年（1704），曹雪芹的祖父曹寅在南京江宁织造府排演了全本《长生殿》。因为洪昇是作品的出品人，当时已获康熙皇帝赦免回到家乡的他，自然受到高规格的礼遇，独居上座观看《长生殿》。这出戏连演了三天三夜，盛况空前。对洪昇来讲，简直是满腔的喜悦无法掩藏，他泪流满面，感叹万分，心理上得到了最大的满足。然而也许是乐极生悲，那几天他在欣赏自己的大作时，因为高度亢奋，饮酒无数，以致无法自控，埋下隐患。就在他从南京返回杭州的船上，途经乌镇，不幸失足，落水身亡，一代戏曲大师的命运就此终结。

虽然洪昇是不幸的，他就这样走了，可他的《长生殿》至今还百演不绝，经久不衰。从这个意义上讲，他还活着，他依然拨动着当今千百万观众的心。

再来看看“北孔”的孔尚任。他生于1648年，一来到这个世界上，他注定与众不同，因为他头上有一个耀眼的光环——圣裔，他是孔子的第64代孙。他不同于洪昇，仕途上虽也不算顺，但机遇还不错。18岁那年他中了秀才，可后来不知怎么搞的，屡试屡败。到30岁那年，他赴济南乡试，命运又一次捉弄了他，依然不中。他似乎有点绝望了，无奈之下只好躲到了曲阜城东北的石门山中过起了隐居生活。可没几年工夫，又似乎天无绝人之路，意外的恩宠降临到了他的面前，康熙二十四年（1685），皇帝南巡经过山东曲阜祭祀孔子，他奉命给皇上讲解《论语》。可能讲得挺不错，他因此受到赏识，并很快被破格提拔为国子监博士。在清朝这是一个学官名，主要工作是负责传授学问。可不知为啥，他在那只待了一年，就随工部侍郎孙在来前往淮扬一带疏浚黄河入海口去了。按理说，这不是什么好差使，然而恰恰是这次机会，在偶然中让他接触到了一大批拒绝与清朝合作的明代旧臣们，也正是在与他们的广泛深入交流中，他获得了来自南明王朝的大量第一手史实，这对他来讲简直就是如获至宝。而在这以后他回到京城，便开始构思创作昆曲《桃花扇》来，历时20年之久。这一年是康熙三十八年（1699），他51岁。

这个故事说的是：明王朝覆亡前夜，关内爆发了农民大起义，关外的清兵也虎视眈眈，随时欲乘机而入。河南书生侯方域来南京参加乡试不中，便留在南京，加入了反对阉党的复社。后经画家杨龙友介绍，结识了秦淮名妓李香君，两人坠落爱河。新婚之夜，侯方域题诗扇以赠香君。阉党文人阮大铖闻讯即出重金置办嫁妆，意在拉拢复社文人侯方域。没想到李香君特别看重名节，把馈赠退回。冤仇也由此结下。阮大铖乘左良玉移兵南京之时，诬告侯方域内通左军。为避害，侯方域只身逃离南京投奔扬州督师史可法，并为参赞军务。后来，南明小朝廷开张，阮大铖利用权势逼迫李香君给漕抚田仰作妾。李香君爱情忠贞，当然不从。便当着抢婚人的面一头撞地，顿时鲜血溅到侯方域赠与她的诗扇上。目睹此情此景的一位友人，为之深深感动，把扇面上的血迹勾勒成朵朵桃花，便有了这“桃花扇”。事后李香君托人带着这把扇子去寻找侯方域。哪知侯方域已回到南京，却被捕入狱，李香君也被迫做了宫中歌妓。直到清兵打来，南明小朝廷覆亡，他俩分别从狱中宫中逃出。此后他俩在栖霞山白云庵不期而遇，感慨万分。但国破家亡，他俩也不再想回到那曾经的美好婚姻中去了，便各自一方出家而去。

如果说昆曲《长生殿》是以爱情为主线，以兴亡为副线的话，那么孔尚任的《桃花扇》则倒了过来，是以兴亡为要旨，以爱情为依托，讲的是一对青年男女悲欢离合的爱情故事，可实质上藏着玄机，一个王朝300年的基业，毁于何人，败于何事，消于何年，止于何地，把整个南明王朝从建立到衰亡的全过程，演绎得可谓淋漓尽致，入木三分。

《桃花扇》的问世，在当时便引起了巨大轰动。就在当年，更让孔尚任没有预料到的是，他竟然遭到了朝廷的极度关注。这种关注，当然不是什么好事。不多久他便被莫名其妙地革职了，而且一撸到底。

康熙五十七年（1718）正月，已回老家16年的孔尚任走到了生命的终点，这年他70岁。可人们看到，他留下的艺术生命却依然在延伸，他以卓越的文学禀赋，用清代最为流行的文学艺术形式创作的《桃花扇》却流芳百世，成为不朽之经典。

这昆曲六百年来，自然还产生了许多很有影响和价值的作品，比如《玉簪记》、《红梅记》、《东郭记》、《清忠谱》、《一捧雪》、《占花魁》、《十五贯》等等，以及还有一大批杰出人物，比如申时行、冯梦龙、祁彪佳、李玉、李渔、叶堂、金德辉等等。若要讲下去恐怕三天三夜也讲不完，包括近代的。在此就不一一再作介绍了。

也正因如此，从明代万历到清代乾隆的两百多年，昆曲进入了鼎盛时期。都说每个时代都有自己的时尚，这种时尚在明清时期正是昆曲。据说在当时，文人要是不懂昆曲，不会唱昆曲，那几乎同等于生在唐代的人不会写诗一样。文人当然是很看重脸面的，他们不愿被人看轻，由此不少文人心甘情愿地投入了这一行，把原来花在琴棋书画上的功夫全都用到了写传奇剧本上来。据史载，那时状元及第的作者就达20多位。

这还不算，随着昆曲影响力的不断提升，很多离开官场而退居乡里的士大夫们开始把昆曲视为人生最大的消遣，有时甚至到了无一日不看昆曲的地步。可天天要看，她既不像如今在手机上动动手指上网看新闻看影视来得那么方便，当然那时也没有那么多的剧目经常翻花样，这可怎么办呢？于是车到山前必有路，一种新的载体或叫行当出现了，这就是家班，就是家里养的戏班。它的特点就是自有自便，演出场地就在自家庭园里。而且大多数主人都要参与创作、表演，就像如今影视界盛行一个人要身兼数职，既是编剧，又是导演，还是演员。当然这家班也不是一般人家都能搞的，至少要具备两条，一是要有钱，二是要懂昆曲，喜欢昆曲。因此通常这都是大户人家的事。比如在万历年间，苏州城里就流行着一句话，叫“范祝发，申鲛绡”，说的就是苏州最有名的两出戏，也就是最有名的两个家班，一个是范仲淹的子孙范常白家的《祝发记》，另一个就是曾经的首辅大臣申时行退居苏州后搞的《鲛绡记》。据说，最盛行的时候，苏州城里的家班就达百家之多。到后来，这家班似乎又不能满足社会需求了，由此又出现了更大的舞台，这就是职业昆班，也等于说这昆曲完全走上了专业化道路。在清朝康熙雍正年间，光苏州城里从事这一行当的就有几千人。在那时，北京、南京等地还出现了不少与此相配的各种戏园和戏馆。

现在说到昆曲时，大家经常会用到一个专用名词叫折子戏。这折子戏是怎么一回事呢？顾名思义，它是一出一出的，相对于一个大部头戏，它比较简朴，也方便演出。戏曲有一个特点，大家看多了，对于其中的故事都了解了，通常就不需要再去从头到末地看一遍，包括故事怎样发展，情景如何展开，最后又怎样结束等等，而主要是听它的唱，看它的表演，这就是昆曲最吸引人的地方。因此，时常人们看昆曲，更青睐于一出出折子戏，由此它也成为昆曲的主要演出剧目。

这昆曲也许名声太大了，太好看了，竟连天皇老子也心醉神迷。话说康熙二十三年（1684），农历十二月廿六日下午，康熙皇帝第一次南巡来到苏州，行宫就设在现在的拙政园。通常情况下，皇帝到了一个地方，总要接见一下地方官员，做点指示，或是好好休息一下，再去看看名胜古迹什么的。可哪想到康熙在园子里只是稍作停留，就急匆匆地要到苏州织造祁国臣的家里去，让陪同的不知所措。

等进了祁家，皇上劈头就问："这里有唱戏的吗？"

"有，有，有。"祁国臣连连点头。

到这时大家才明白过来。

戏当然是有的，因为对祁国臣来讲，伺候皇帝看戏，是他分内的事。这戏指的就是昆曲。当天晚上，康熙皇帝留在祁家用膳，一口气就看了20出折子戏，而且所有戏目都由他亲点。

清代的苏州织造署坐落在城区带城桥下塘街上，就是现在的苏州市第十中学。当年苏州织造署其中一个重要职能就是为皇上在苏州挑选昆曲演员，然后送到北京南府。这南府就是当时朝廷里专门负责戏曲演出的一种机构。那时候南府里的苏州昆曲艺人多达上百人。那个集中居住的地方，后来被称为苏巷。

那天晚上皇上大概看得还不太过瘾，到了第二天上午，原来打算到苏州郊外去转转，可他临时改变了主意，要继续看戏。于是整个上午他又进入了昆曲的天地，直到午饭后才动身。

还有那乾隆皇帝比他祖父更是有过之而无不及。即位初就在紫禁城里修建戏台。当时专门管理戏曲演出机构就养着一千多号人为皇上唱戏。他六次下江南来苏，看昆曲几乎成了保留节目，要是看不上就等于没到苏州。大家试想，一代代皇帝这样酷爱昆曲，这样痴迷昆曲，这昆曲还能不火吗？

这昆曲也怪，那时不仅上层热得发烫，就连最底层的平民百姓也是热火朝天，苏州更为突出。据史载，从明万历年开始，每到中秋时，苏州虎丘山畔就成了欢乐的海洋。一年一度的昆曲演唱大赛便会定期举行，而对整个苏州城来说就有点“唱”空城计的味道。为什么呢？因为那些天大家都到虎丘山去参加盛会了。据说虎丘山上的那块千人石，就是昆曲演唱比赛的中心广场。这比赛有点类似如今中央电视台《星光大道》栏目举办的由广大老百姓参加的歌唱大赛。不同点这是自发性的，也是民间的。先是万众齐唱，体现的是一种参与性。接下去就是进行擂台赛，而且没有那么多规矩，人人都可以上去比一比，最后优胜劣汰。至于裁判，就是前来观看的广大观众。你演唱得好，就为你喝彩，就留下，唱得不好就下来，再换上一个。就这样周而复始，直至最后比出歌王来。大家可以想象，每到丹桂飘香秋高气爽之际，成千上万的人们相聚在虎丘山畔来唱昆曲，看比赛，那是何等的壮观，又是何等的快乐。

也许这就是昆曲的盛宴，昆曲的魅力。这更是几百年来，无论是皇上还是百姓，他们对昆曲都怀着的那份特有的钟情和厚爱。

然而话到这里，有一个问题恐怕绕不过去，既然昆曲曾经那么辉煌，那么火爆，可到后来怎么就一下子走了下坡路，甚至奄奄一息？

事出有因，情况大致如下：就在清朝乾隆后期，一种以徽班为代表的戏曲演唱正在悄然兴起，而且影响不小。徽班就是当下人们时常听到的徽班进京200年的那个徽班。徽戏是用徽调来演唱的，主要流行在安徽一带。徽戏也是京剧的前身。当时活跃在中国戏曲舞台上的主要有雅部和花部两大类。雅部即为昆山腔，花部为徽腔、京腔、秦腔、弋阳腔、梆子腔等。而在这些花部声腔里徽戏显得很突出。要讲高雅，它当然比不上昆曲，可它也有一个明显特点，就是比较精彩热闹，还很通俗，更适合大众的口味。昆曲当然很好，但是毕竟比较高雅。这最好的东西看多了，有时也会有点审美疲劳。

这恐怕也是一种不可逾越的规律。昆曲的拐点大概就发生在这个时候，公元1790年。

这年当朝皇帝乾隆八十大寿，各地便组织戏班子前去祝寿。这时有个叫高朗亭的带着“三庆班”也在其中。他可是扬州有名的艺人。乾隆几次南巡，他都参加接驾，给乾隆留下了深刻印象。大运河的终点就是北京海子，这里是京城戏园的大舞台，说得更准确一点，这是各戏班一比高下的竞技场、大擂台，这“三庆班”也似乎到了出人头地的时候。果然，在演出中“三庆班”力压群芳，压倒了各路戏班。紧接着“四喜”、“和春”、“春台”等徽班相继进京，这也是大家所了解的历史上有名的“四大徽班进京”。大概也就从这时起，京剧迅速进入了人们的视野，并赢得了上自皇家下至民间的追捧，一股“徽班热”也随之席卷大江南北。而与此同时，就像戏曲舞台常常呈现的“你方唱罢我登场”那样，昆曲的演出就如一夜间被风吹跑似的，很快就没了往日的风光。这真有点“三十年河东，三十年河西”之味道。

这还不算，屋漏偏逢连绵雨。进入20世纪，时局更加动荡，清王朝倒台了，战事不断，兵荒马乱。在这样的年月，这昆曲还能像往日那样歌舞升平吗？人们还有雅兴去欣赏昆曲吗？似乎无法挽留，这昆曲终究是一丈水退了八尺，大势所趋了。

当然，话还要说回来，这昆曲毕竟有着好几百年的鼎盛，她虽不能让人天天曲不离口，甚至当饭吃，但她依然流淌在一代一代人的血脉里，而且从未停止过。

转眼到了新中国成立后的1956年，沉静了多年的昆曲终于发出了一点响声，这也就是大家可能听说过的一出戏救活了一个剧种的事儿。这一出戏指的是新编昆曲《十五贯》，是浙江国风剧团赴京演出的节目。昆曲《十五贯》里头写的事其实很简单，说的是三个官僚对待一桩冤案的不同态度。谁也没意料到的是，演出效果出奇的好，不仅受到广大观众热烈欢迎，更受到党和国家领导人的关注。毛主席看后连声称道好戏好戏，还站起来带头鼓掌。周总理不仅夸奖，还要求继续演，让更多的人来看这出好戏。这一年还把它拍摄成了电影，到全国各地放映。1956年5月18日，《人民日报》特地发表了社论《从“一出戏救活一个剧种”说起》，引起巨大反响。

也从这天开始，昆曲似乎又焕发了青春。不久北京、江苏、湖南、上海的昆曲团体或是恢复或是成立。保定和天津还成立了培养年轻昆曲演员的学校。昆曲那春天的序幕正在徐徐展开。可惜好景不长，“文化大革命”风暴的降临，中国的一切都受到了莫大的摧残，别说是昆曲，其命运可想而知。直到粉碎“四人帮”各昆曲团才逐渐恢复起来，但往日曾有的风采却不再依旧。到20世纪80年代，随着整个国家中心工作转向经济，再加上国门的打开，文化的多元，尤其当西方的各种电影、音乐、娱乐蜂拥而至时，昆曲那优雅之声似乎再也难发出巨大的响声。当然即便如此，大家似乎还没有放弃。

作为昆曲发祥地的苏州，1981年11月，古城苏州迎来了一批归乡的游子，昆曲传习所成立60周年纪念大会在这里举行。到会的16位传字辈艺人都已是古稀之年。10年的“文革”几乎将昆曲这枝兰花连根铲除，但她硬是顽强地挺过来了。在以后的一段时间里，尽管上至文化部下至各昆曲团体，乃至各方人士都在为昆曲保护、继承、创新、发展竭尽全力，但那昆曲的命运总让人担忧。

昆曲面临的困境，同样也让老一辈昆曲艺术家心急如焚。1984年，全国七大昆曲演出团体之一的温州和嘉昆剧团宣布解散。就在这一年，一封关于昆曲未来命运的信件从上海飞往了北京中南海。寄信人是昆曲艺术大师俞振飞。他最早也是我们苏州人。信中俞振飞表达了对昆曲所面临的危机和困境的担忧，并恳请中央重点保护昆曲。对此，中央高度重视，并很快成立了文化部昆曲指导委员会。接着一系列保护昆曲的文件和措施陆续出台。各昆剧团也纷纷走向海内外，到香港、台湾地区以及欧洲、北美演出，使观众耳目一新，赞叹不已。

2001年5月18日，当中国昆曲入选首批世界非物质口头文化遗产时，人们意外地发现，那久违的昆曲仿佛又回到了人间，那古老而高雅的昆曲再一次绽放出了无限的美丽和崭新的活力。这是中华民族的骄傲，同样也是一份沉甸甸的中国责任。2004年3月，时任中共中央总书记、国家主席胡锦涛等中央领导先后就昆曲的抢救、保护和扶持作出重要指示。中央决定，从2005年至2009年，国家财政每年投入1000万，作为抢救、保护和扶持昆曲的专项基金。在政府、民众、专业团体的共同合力下，这昆曲演出市场也出现了多年未见的繁荣景象。

2004年秋天，苏州昆剧院新推全本《长生殿》进京公演。令人没想到的是，居然一票难求，盛况空前。这一号女主角杨贵妃的扮演者就是苏州昆剧院著名演员王芳。

也就在这一年，由作家白先勇一手策划打造，苏州昆剧院演出的青春版《牡丹亭》全新亮相，大获全胜。这里要特别介绍一下白先勇先生。他是台湾作家，父亲是国民党高级将领，也是大家熟悉的白崇禧。南京大学专门从事研究白先勇的刘俊教授说：白先勇的一生，是钟“情”的一生，是爱“美”的一生。他之所以决定制作一出青春版《牡丹亭》，在他看来，并不是现在青年人不喜欢昆曲，而是他们没有看到最美的昆曲，因而他要让青春焕发形貌俊丽的演员来担当，以此激起观众对美的向往与热情。

近些年，昆曲在苏州这个发源地又有了新的进展。已拥有了苏州昆剧院、昆剧传习所、昆曲遗产保护研究中心、中国昆曲博物馆、苏州昆曲学校等一批昆曲的演出、教育、传承、研究和保护机构。

确实如此，曾经远去的笛声在21世纪的今天，又一次在古老的苏州上空响起。人们似乎再一次看到了虎丘山畔那千人石上众人高唱昆曲的动人场面。她似乎又走进了中国人特别是苏州人的生活里。

说到这儿，细心的大家可能马上会追问，你讲了一大圈，那么这昆曲究竟好在哪儿呢？她的魅力又在何处呢？在这方面许多专家学者都有过许多精辟论述，爱好者和观众也都会有自己的看法。我要讲的似乎也很多，但依我之见，昆曲最大的特色或者说让人最大的感受，就是一个“雅”字。这也就是昆曲之魂，昆曲之神，乃至昆曲之大美。

一是雅在唱腔上。不用讳言，凡是第一次听到昆曲，或是刚刚接触昆曲的人，恐怕都会说听不太懂，但随之一种强烈的感觉也会油然而生，这昆曲太好听了，就如那吴侬软语那样，婉转、缠绵、悠扬。到这个时辰，你是否听明白了什么，似乎已不再重要，重要的是她早已用水磨腔的曲调唱腔，把你磨呀磨呀，就像给你唱摇篮曲似的，直把你带入了一个宁静而又充满梦幻的境地。无疑，你已被征服了，并让你无法抗拒恰又自觉自愿地打开了自己的心房，由此便产生那种一拍即合的巨大共鸣。也许这就是昆曲雅之所在，魅力之所在。我是一个昆曲的门外汉，可还真碰上这样的事。那是十多年前，苏州昆剧团在苏州昆曲传习所搞昆曲折子戏汇报演出，昆剧团送来了票，本不想去看的，可盛情难却就去了。那是我平生第一次，以前只听别人说昆曲是如何如何的好，可就是没见识过。然而你说这怪不怪，我坐在那里没多久，随着演出开始，我就像被什么巨大魔力控制着似的，我竟然跷着二郎腿，一边摇头晃脑，一边打着节拍，进入了一种自我陶醉的境地不能自拔。不知道的人还真以为我是什么昆曲超级粉丝呢。其实我那时对昆曲可以说一概不知，一窍不通，一片空白。现在回想起来真有点可笑，也许这就是昆曲艺术特有的神奇和雅韵。

全国著名文化学者余秋雨先生对中国文化研究颇深，并有许多独到见解。在他看来，在中国文化艺术天地里，曾让人痴迷的只有三样东西，一是唐诗，二是书法，还有的就是昆曲。想想也是，在中国文化的历史长廊中，除了唐诗、书法，还有哪种艺术能像昆曲那样曾经在中国文化史上掀起六百年之久的民族集体审美波澜？再具体一点说，在中国几百年的戏剧舞台上，还有哪一个曲种能与昆曲相媲美的？也许有，那可能在未来。

当然我清楚，仅凭现在我对昆曲一知半解的认知，是很难对其曲调之雅说出更多的道道来的，不过不要紧，那我们就来借力，看看名家们是怎么感受的。

马兰是我国黄梅戏剧表演艺术家，她通过自己演黄梅戏的亲身体验与接触昆曲后的比较，便有了一种宋代的感觉，为什么呢？她在接受记者专访时是这样说的：我是这样一个人，可能更感性。比如说我看到白先勇青春版的《牡丹亭》，就特别有感触，随着自己从艺的经历和年龄的增长，突然想要追求一种气质来。而当昆曲大幕徐徐拉开，我就觉得这种气质非常典雅，像是从宋代走来，没有烟火气，那样宁静，她的表演不像现在我们眼下的社会那样热气沸腾，而这昆曲却非常内敛，非常收敛，但这种收敛又能吸引你，把你紧紧地攥住，就是一连看三个晚上坐在下面，我没有觉得受不了，通常我们看戏很难看那么久，虽然我是专业中人，所以觉得昆曲实在有一种奇特的气质，这种气质在我到了中年以后，给我帮助很大。相比之下，我们的黄梅戏虽然也有它自身的特点，比较活泼、清脆、通俗，但总体显得很粗放。因此如果放到世界舞台上去考量，人们要寻找一个来自东方的感觉，我的看法，毫无疑问，最能代表东方古典美的还数昆曲，当然还有京剧。直到现在，它们还是老大，真的是这样，我很喜欢。

这大概也不是马兰一个人的感觉。

二是雅在表演上。了解一点中国戏曲的都知道，歌舞结合也是中国戏曲区别于世界其他戏剧流派的一个显著特点。最早西方先是合为一体的，比如希腊悲剧里头也有歌唱，也有舞蹈，最后就分成了现在大家看到的样子，话剧就是说话，歌剧就站在那儿唱，舞蹈包括舞剧芭蕾就在那儿跳。而我们的昆曲通过不断打磨，便形成了现在这样一门歌舞合一、唱做并重的表演艺术。“无声不歌，无动不舞”便是昆曲演唱的一大特色。而这样的表演与昆曲的水磨腔相辅相成相得益彰，这使得昆曲原先单一的歌声变成了载歌载舞的“立体”之雅。而这种雅反映在表演的举手投足间，包括一个眼神，一个甩水袖，一个转身等等。比如青春版《牡丹亭》中，沈丰英扮演的杜丽娘，她的每一个神态、每一个动作都完美地显示了杜丽娘的个性和身份。她那低眉颔首的羞涩神情，她那水袖轻挥的灵动身段，加上绵绵柔柔的歌唱，直把昆曲的典雅，通过动作，细腻、含蓄、传神地表达了出来。昆曲的舞台上有时演员的台词不是很多，而时常则要通过美妙的舞蹈，才能更好地展示自己的内心世界。这可怎么办呢？这方面昆曲的特点优势就彰显出来了。比如《牡丹亭》的《惊梦》中，有一段杜丽娘与柳梦梅的双人舞，先是以扬、翻袖来表达两人初次相见时所呈现的那种喜悦之情，接着配以穿袖、搭袖来表达相互的爱慕之感情，而且这种感情迅速升温，愈演愈烈，到最后身穿白衣的两人云雨之后，在众花神的背景下边舞边唱，对舞总是如痴如醉，由此把观众带入了那至情至爱如漆如胶的梦幻之中。

三是雅在唱词上。学过点文学的都清楚，文学的最高境界是诗词。而昆曲的唱词则是戏曲舞台上的宋词，甚至有过之而无不及。昆曲作为一门高雅艺术，不仅曲调柔雅，演唱优雅，而且其唱词也十分文雅，使昆曲更是锦上添花，如诗如画，如歌似水。这方面在昆曲的唱词中比比皆是。比如大家比较熟悉一点的《牡丹亭》游园中杜丽娘、春香同唱：“原来姹紫嫣红开遍，似这般都付与断井颓垣。良辰美景奈何天，便赏心乐事谁家院？朝飞暮卷，云霞翠轩，雨丝风片，烟波画船，锦屏人忒看的这韶光贱。”大家听听这样的唱词，是多么的触景生情伤心哀愁，又是多么的诗情画意充满遐想。它通过宋词一般言语，勾勒出了这样一幅刻骨铭心的情景：在一个春光明媚的日子里，杜丽娘为解怀春之闷，第一次来到自家后花园。就是这样的一次邂逅，让她人生仿佛第一回见到如此美好春色，可过去自己却全然不知。这不由得使她感慨万千，伤感无限，虽说这外面的世界是那么美好，那么绚丽，可对这一长期紧锁深宅大院的女子来讲又能怎样呢？恐怕一切也都只好寄托于自己去寻梦了。这样的唱词再与这样的演唱糅合一体，便愈发让人心醉，而又觉深情凄凉之美。又比如《长生殿》有一段唱词是这样的：“天淡云闲，列长空数行新雁。御园中秋色斓斑：柳添黄，苹减绿，红莲脱瓣。一抹雕阑，喷清香桂花初绽。”这是唐明皇和贵妃同游御花园的一段唱词。看看寥寥数语，就把秋高气爽的景色呈现在了你的眼前。其实你也用不着去看，合上眼睛可以想象，演员在舞台上表演，而天上的朵朵白云则像在那儿优哉游哉，那是什么，那是皇宫的景象，后花园的景象。一切那么令人充满遐想。

是的，这就是我们的昆曲，这就是还美丽着的昆曲。

说了昆曲那么多的好，是不是我们还要回到那个年代呢？当然，那既不现实，也没有必要。每个时代都有它的生存方式和需要。不过在当下有几点我想大家还是要有所感悟的。

一、对昆曲的美，昆曲的雅，我们是不能忘怀的，因为那是一种情操，一种情怀，她能洗涤心灵，她能净化灵魂，她是世界的永恒。假如一个人对人间的美也不去欣赏，也不懂得去赏识，那我想，这注定是人生的一种莫大的悲哀和不幸，这人生也终将是索然无味乃至失去意义。二、昆曲虽是历史传承下来的一种戏曲形式，但更是当前人们生活可以借鉴的一种方式。为什么呢？因为如今人们的生活节奏太快了，工作压力太大了，到头来真不知这整天拼命地工作，拼命地挣更多的钱，乃至拼命地要达到彼岸的现代化，究竟又是为了什么！

如今人们都说，要回归生活本原，要放慢生活节奏。也许这听听昆曲，赏赏昆曲，还真能让你领悟出一些生活的味道，人生的本意来。但愿如此。

第七讲

梦里水乡别样红 明日天堂向何方

这三十多年来，苏州为什么能取得那么巨大的成就？她的制胜法宝是什么？她给天堂增添了怎样的色彩？都说天堂是水做的，水乃苏州之精魂。那么今天，我们究竟需要什么样的发展？未来的苏州又该走向何方？

要说这一回，有点难。

其实，不说大家心里也明白，越是新近的事，越是现实的事，就越是难去讲。难怪早就听人说，就连一些大作家搞创作也时常避而远之，不想触碰，不愿接手，怕的是吃力不讨好。

这是为什么？客观地看，难就难在对事物认知的把握上。通常越近的事，似乎看得越清，事实上不是那样子。要知道，世界上有许多事情，要想看明白是要给时间的。倒不是说什么都很复杂，但终究也不会那么简单，什么都可以很快做出判断的。

可这一讲若没有，似乎于情于理怎么都说不过去。前面六个方面主要讲的是过去的天堂苏州，一提起她，就勾起一串串美好的回忆。但历史从来就是一条奔流不息的长河，它不可能总停留在过去。我们一方面是要回味记忆中的天堂，另一方面也更需要了解天堂如今的情况。因为我们毕竟活在当下。由此，我们无法回避今天，也更没有任何理由绕过现实。

既然如此，我倒又不能不直面这样一个问题，对如今的苏州新天堂，又该如何去看？如何去解读？尤其是要想讲得比较得体，让人觉得是那么一回事，而且想听爱听又愿听。就此我多少有点顾虑。因为我还算有自知之明，此类话题，常常被人误以为在搞说教，假如你再拿腔拿调，理论来理论去，尽是大话套话加空话，又干里吧叽，那总会让人讨厌和反感。还有一点，恐怕也是逃不掉干系的，这涉嫌为领导歌功颂德，抬轿子，吹喇叭，溜须拍马。反正横竖不是，这差事实在不好干。

为这事我还真纠结了好几天，思来思去，突然联想到自己所从事的新闻职业，并从中受到启发。新闻报道最本质的东西就是用事实说话，进行及时客观报道。凭着从业几十年的经验和领悟，在我看来，新闻报道还要力求“三说”，即“说准确、说通俗、说鲜活”，这样才更具有公信力、影响力和感染力。于是我便想，我不也可以拿来主义，对新天堂做一次客观真实的巡礼吗？由此，我找到了方向，有了路径，不再犹豫患得患失了。

好，现在就让我们进入正题。这几十年，特别是改革开放三十多年来，苏州和全国各地一样，经济社会都取得了长足的发展。然而恕我直言，相比之下，苏州的变迁似乎来得更猛烈了一些。在世人眼里，她就是一个传说，在作家笔下，她又是一种传奇。人们还来不及琢磨这究竟是怎么来的，可仿佛就是一夜之间，这个曾有着绚丽光环的天堂苏州，在神州大地上，乃至世界的版图上，愈加光彩照人，愈加美丽动人，就像一颗灿烂无比的明珠，自然也愈加让人感慨万千。

人们不禁要问，这三十多年来，苏州为什么能取得那么巨大的成就？她的成功靠了什么？她给天堂增添了怎样的色彩？都说天堂是水做的，水是苏州的精魂。那么我们究竟需要的是什么样的天堂？未来的苏州又该走向何方？

思索的大门一旦打开，思绪便如潮水一般奔腾而来，我要把这苏州新天堂的画卷展示给大家，当然这是人们在现实中都能亲眼目睹的和亲身感受得到的。

不过，为了把这一问题说清楚，在这之前，我还要先把一些情况作一介绍。

自古以来，人们都知道苏州是天堂，这也是大家一致公认的。但在这里我还是要提醒大家注意并了解这样一个前提，我们常常说的天堂苏州，她究竟是在怎样一个时代大背景下产生的？把这一问题弄明白了，就不难理解如今新天堂又是一种什么概念和含义。

了解一些历史的都知道，几千年来，中国长期处在农耕时代，到了明代才冒出一点点资本主义的萌芽，时间也仅仅只有一二百多年。而农耕时代的最大特征，是一种自然经济，靠天吃饭，生产方式简单，生产力也普遍低下。更糟糕的是中国不少地方，基本上是穷山恶水，不毛之地。气候也不尽如意，耕作更成问题。因此，陪伴着人们祖祖辈辈的除了贫瘠与荒凉，就是痛苦与煎熬。相比之下，苏州这个地方却有着良好的自然环境，是个鱼米水乡。因此，尽管那时同处农耕社会，可这里总是另有一番景象。以至千百年来，这里发展得越来越好，越来越繁华富足，尤其她的城镇。“人间天堂”由此而来。

然而，话要说回来，若用现代人的眼光审视，那时的天堂，大概也就是当时那种生产方式、生产力下的天堂，与今天的状况无法同日而语。用民间流传的话来讲，那就是“说说天堂，其实平常”。

那么人们为什么有这样的看法呢？或许现实中人们感受到的天堂和想象中的相差甚远。

其实关于这一点，不要讲是上了年纪的，即便像我这样出生在上个世纪50年代末的人也有同感。那时似乎也并没有特别感受到天堂生活的与众不同，相反带有斑斑迹迹的灰色印记，想抹也抹不掉。有两件事本不想重提，却总在眼前晃动。

那时，时常连肚子也填不饱，这事说给现在的年轻人听，有人还以为我搭错了神经。可没办法，就是这样。说起来那时我父母都有个一官半职，父亲是吴县郭巷公社党委书记，母亲是郭巷中学校长。要论生活条件，在当时算不上好，但至少不会太差。也许那时当官的都很廉洁，也许那是一个特殊的年代，说了不怕笑，那年月我父母还时常要为一家老小的温饱发愁。当时正值“文革”期间，我已十岁懂点事了。我们兄妹就有四个，年龄相差无几，正处在长身体的时候，也是正需要有吃的时候。可那时粮食是由国家按规定统一逐月供给的，城镇居民大约是每月24—30斤的粮票，但那是远远不够的。这可怎么办呢？总不能老是忍饥挨饿吧。万般无奈，我母亲就只能经常到街上买来一些山芋之类的粗粮用作补充。

于是，在我们家就经常出现这样一种情景：一吃过晚饭，我兄弟几个中便总有一个要去洗山芋，削去皮，切成块，然后放置在锅子里，等到第二天一早煮熟，这便是全家人的早餐了。这样的生活大概持续了六七年。听我母亲说，这些山芋还是她每天起大早，摸着黑，偷偷地从农民那里买来的。之所以说“偷偷地”，因为那时候要割资本主义尾巴，不让农民把粮食一类的东西拿出来出售，被查到了，是要当投机倒把处理的。以至后来每每提起那时候吃不饱的事，我还有点耿耿于怀。因为在我看来，我们兄弟几个全都没有长得像我父亲那样高大魁梧，全是那时没吃饱造成的。在那时，若想吃好穿好就更无从谈起，难怪那时候小孩子们总像盼星星盼月亮似的盼过年。为什么？就是为了到那几天能多吃一点，吃好一点，还有新衣裳穿。

那时，春节前还有人排着队领救济款。清楚地记得，1977年春节前，我从插队的吴县西山回到吴县淞南公社父母家，也就是现在的吴中区甪直镇。那几年我父亲已调任到那里当公社党委书记。小年夜的那天下午，我闲着没事，在公社的院子里随便转转兜兜。无意中我看见一个办公室门口正排着长长的队伍，大约有百十号人，看样子像是当地的农民。好奇的我便上去询问他们在干什么。一打听才知道，原来他们大多因家境贫困，正在等着公社民政部门的同志给他们发放每人十块钱的救济款，以解燃眉之急。

据了解，就这仅有的每人十块钱，也是公社领导硬着头皮从县里反复争取才得来的。那天目睹着那情景，我这个正在农村插队的年轻人，心里酸酸的，别提有多难受。我真搞不明白，一年到头辛劳的农民们，生活为什么还那么艰辛。

这都是发生在四十多年前的事，要是发生在落后的边远山区或别的地方，也许用不着大惊小怪，可它偏偏就出现在素有鱼米之乡之称的苏州。再退一万步讲，假如这仅仅是一种偶尔或个别现象，那也无可非议，就像美国如今还有不少穷人需要社会救济那样，实属正常。问题是这种情况恰恰带有普遍性。

我还记得，就在苏州胥门城墙、吉庆街那一带，不少人家就住在用破砖烂瓦搭建的简易房里，那样子就像前几年我去印度考察所见到的“棚户区”。还有那时农村的住宅都比较差，大多是低矮的平瓦房，而在市郊的东部、南部、北部地区，还有不少人家住的是茅草房。

对此，好奇的人们可能会纳闷，苏州不是一直说是天堂吗？怎么也会这样呢？而且那时都解放十几年了，这究竟是怎么回事？是天灾，还是人祸？

既然把问题挑开了，我就再啰嗦几句。按理说，1949年全国解放了，人民翻身当家做主了，日子理应一天天好起来才是。而且大家也都确实怀揣着梦想，满怀信心，意气风发，期盼着“楼上楼下，电灯电话”的日子。然而谁也没有料到，20世纪50年代末，由于众所周知的原因，一会儿搞合作社吃大锅饭，一会儿搞“大跃进”、人民公社，不是放卫星亩产超万斤，就是异想天开十年二十年要赶超英国美国，尽做些不着边际的事，最后只能是竹篮打水一场空，不仅生产没搞出名堂，反而连老百姓的基本生活也不能得到保障。用老百姓自己的话来比喻，就叫作“一年忙到头，还是两个空拳头”。许多地方还出现了粮荒，不少人家只能靠挖野菜吃糠饼充饥度日。这样的往事不堪回首，在此也就不多说了。

而此时此刻，我更想说的是，即使是在那样的年代，也许出于人的本能反应，也许是来自于骨子里压根儿不甘愿安于现状的性格，苏州人可从没停止过对美好生活的向往，总是在想着法子，凭着自己勤劳的双手，苦苦地追寻。

据一些经历过那个年代的老同志、老领导介绍，那时候在苏州农村就有一些生产大队，在抓农业生产的同时，暗地里办起了小工厂搞副业，为的是尽可能增加一些经济收入。别的不说，就以大家比较熟悉的，大名鼎鼎的江阴华西村为例。那时候江阴还属于苏州管辖，华西村也一直是苏州农业战线上的一面旗帜，是个老典型。但即便如此，他们从不图虚名，为先进而先进，村干部总是想着如何带领全村人过上好日子。因此，在华西村时常出现这样两种截然不同的场景：大白天，大伙都在田头忙生产，时常还红旗招展，一片繁忙景象；而一到晚上，他们就挑灯夜战，在自己村办企业里干活。其实华西村仅仅是苏州农村当时的一种缩影，这种情况在苏州比比皆是，只是方式程度不同而已。

当然，要讲苏州大梦的真正腾飞，那还是党的十一届三中全会以后，那时候，人们已不再需要像过去那样偷偷地干，悄悄地做，而是可以理直气壮地甩开膀子干。这对苏州而言，恰似一江春水向东流，春来江水绿如蓝。更似鲲鹏展翅八千里，扶摇直上九重天。那么这些年苏州究竟发生了哪些突出的变化呢？

我不知别人会怎样想，怎样看，反正我是一次次震撼，一次次感慨，又一次次领悟。我有了太多太多的话要讲，有了太多太多的事要说，可又不知从哪儿说起才好。看来我也只能凭着感觉走了，实话实说，有一说一。在此我把她归纳了一下，主要有以下三个方面：

一、经济创奇迹，一鸣惊人，举世瞩目。以往人们每每提起苏州，挂在嘴边更多的便是她的水乡特色、文化积淀，还有那出了名的园林、昆曲、刺绣等等。可令人没想到的是，这些年来世道像是变了，人们说到苏州，似乎不再是原有的那些东西，取而代之的便是她的经济发展名声，可谓一飞冲天，响彻云霄。此话怎讲？这样说吧，早在十年前的2004年，苏州的经济就跑到了全国前列，增速位列长三角地区15个城市之首。若做个形象的比喻，她的经济总量已由原来的一只“小舢板”，摇身一变成了一艘“大航母”，全然是一种“乘风破浪会有时，直挂云帆济沧海”之势。到如今则是更上一层楼。以最新的官方统计数字显示，2013年苏州实现地区生产总值，也就是俗称的GDP总量已达到1.3万亿。这是什么概念？也许你还不信，如果把她放到全国城市中去考量，她仅随上海、北京、广州、深圳、天津之后，位居全国第六位。而且，苏州所辖的张家港、常熟、太仓、昆山等县市，稳居全国十强前例。这里特别要说的是，在这排名中，苏州还仅仅是个地级市，而人家大多是中央直辖市，至少也是省会城市或是计划单列市，行政级别都比苏州高，可偏偏苏州经济就发展那么快，就那么牛，让人刮目相看。还有2015年5月15日最新发布的《城市竞争力蓝皮书》又传来喜讯，2014年综合竞争力指数排名，苏州为第七位，前十名的城市依次是：深圳、香港、上海、台北、广州、天津、苏州、北京、澳门、无锡。

前几年就听到江湖上有这样的传言，说是因为苏州经济总量远远超过了一些大中城市，这让一些地方多多少少有点尴尬。想想倒也是，你苏州是个小小地级市，经济竟然跑到了自己的前面，这让谁遇上了都不好受。尤其在前些年，总以GDP论政绩的时候，对其地方官员造成的心理压力也是可想而知的。就如这些年我们中国经济迅速崛起，先是盖过了日本，接着又超越了德国，一跃成为继美国后的世界第二经济大国，中国人无不欢欣鼓舞，扬眉吐气，然而，在有些国家的眼里，就不是那么一回事了，时常不是说三道四，就是质疑声声。当然，心情是完全可以理解的，心态也是相通的，地方如此，国家也是如此。恐怕还是那句中国的老话“木秀于林，风必摧之”。

这些年，也正是因为苏州经济惊人一跳，辉煌无比，由此，她的知名度，在中国乃至在世界上也越来越响，越来越高。在各类权威机构的评比中，几乎都有着苏州的大名，而且又大多是获大奖，或名列前茅。如“中国最具经济活力城市”、“中国魅力城市”、“中国最具发展潜力城市”、“中国投资环境金牌城市”、“国际新兴科技城市”、“全球城市竞争力百强”、“中国内地最佳商业城市”等等。2006年苏州获得“中国十大最具魅力城市”荣耀。组委会颁奖词对苏州是这样说的：

谁也没有办法不去赞叹她，
两千多年的文化之河，浸润长大的锦绣之城。
她是世界水城的典范，她是东方园林的代表。
拥有的刺绣、评弹、昆曲，样样精美。
早在远古的农耕时代，她已经是三吴都会。
在改革开放的今天，她是长三角的经济重镇。

二、城市新格局，古韵今风，相得益彰。以前人们说到苏州这座城市，最深的印象就是一个“小”字。一点不假，除了“小”字，恐怕没有比这更贴切的了。之所以称她小，因为苏州古城从春秋建成到现在，虽历经2500多年的沧海桑田，可她的城址没变，格局没变，风貌没变。当然范围也没变，还是那个弹丸之地，仅仅只有14.2平方公里。由此，一个“小”字几乎成了苏州城的全部。“小苏州”、“小地方”等也常常挂在大城市人们的嘴边。当然这“小”字自有着她特有的个性。诸如“小桥流水”、“小家碧玉”、“小巧玲珑”、“小街小巷”、“小中见大”，便是对她的赞美和爱称。不过也因为其小，苏州时常也给人留下“小里小气”、“小打小闹”、“小不溜秋”、“小富即安”的印象。这虽然也说不上什么不好，但终究少了一些大都市的气魄、气势乃至气概。

确实，从城市角度看，苏州的原有城市规模，已不适应也不利于城市日益发展的需要，特别是到了改革开放的今天。那么这些年来苏州城市的整体格局发生了哪些变化？城市决策者们采取了什么样的理念、思路和举措？其实，这三十多年来，我国各地城市旧貌换新颜也是十分空前的。时常是一年一个样，三年大变样。某个城市要是你半年一载没去，若再见到它时，恐怕早已面目全非找不着北。纵观城市发展，大致有两种模式：

一种是，一切推倒重来，即人们看得最多的，也是所谓通行的“大拆大建大发展”。这样的结局必然是脱胎换骨，那些城市的记忆、历史的遗存、文物古迹等等，也都统统随之而去。比这稍微好一些的，是在古城的改造中，则采取保护与拆建相兼的做法。在保护一些历史风貌以及重点文物的同时，也拆除了一些旧建筑，拓宽了一些马路，新建了一批具有现代色彩的房子。也许出发点也是不错的，理念也是新潮的，力求把古典与现代有机地结合起来。可从实际效果看，似乎有点不伦不类，古不古，洋不洋，总不那么协调，被圈内人士称为“城市败笔”。

另一种是，在对古城进行全面保护的同时，干脆另起炉灶，开辟新天地，营造新城区。苏州采用的就是这种方式。苏州之所以选择这样的思路来推进城市发展，其中一个极其重要的原因，就是基于对千年古城历史价值、文化价值的正确认知和把握。从多年来的实践看，这种做法也是相当成功的，是值得称道的。1986年苏州在建城2500周年之际，专门制定出对古城全面保护的总体规划，受到了国务院的充分肯定和批准。紧跟着的便是一系列有效的抢救、修缮等，直到现在还在不断完善提升。与此同时，苏州从实际出发，谋划出“一体两翼”的城市发展新格局，即古城居中，西边开发高新区，东边发展中新合作工业园区。这样一来，既使古城得到了很好的保护和传承，又适应了社会经济的发展，让城市有了更大的发展空间。由此，人们眼中的小苏州便成往事，随之而来就是一个全新的大城时代。显而易见，这样的城市既具有传承性，又富有时代性，当然还有着鲜明的个性。在老百姓的眼里，古城就叫“老苏州”，高新区就是“新苏州”，而工业园区则是“洋苏州”。

有关古城的相关情况，在前面的几讲中已做了不少介绍，在此不再重复。而对“洋苏州”的工业园区，我想多添上几笔。这倒不是因为我喜新厌旧，真正能打动我、折服我的，是其全新的城市发展理念，和对规划始终如一的坚守。我之所以对此感触那么深，全是缘自我对许多城市建设的一种比较。这些年我国城市建设的最大特点恐怕就是“快”字。快到什么份上？这样跟你说吧，说不定在某个地方，几个月前还是一片平地，转眼几个月不见，当你再看到它已是万丈高楼平地起。不信，你也得信，这就是中国。

然而，也不能不看到这方面也确实存在太多的教训，至今还是如此。这是什么？这就是城市建设中普遍存在的随意性和盲目性，有人把它总结为“建设性的破坏”或“破坏性的建设”。比如在一些城市，房子建成还没几年，就接到规划部门的通知，或是市政建设之需，或是其他原因，反正让你拆除，另有用处。至于你想得通想不通，那是你自己的事。似乎一开始的规划审批都是儿戏闹着玩的。还有一种现象，也成了家常便饭，几乎天天发生。一条马路刚刚铺就，可没过多少时间，又被破肚开肠，或是埋水管、煤气管，或是增设电缆线等等。要讲理由当然有的是。至于造成的损失还有别的什么好像无关紧要。

不过，在这方面，苏州工业园区的建设是绝对可圈可点的。讲起来他们的经验其实也没那么复杂，那么高深莫测，概括起来，就是十二个字："先规划，再建设，先地下，再地上。"就这么简单。而最为根本的一条是，规划一旦确定下来，就雷打不动，谁也不能擅自越雷池半步，任何人不得凌驾于规划之上。

这么多年来工业园区的主要领导换了一茬又一茬，而在实施规划上几乎从没有什么变化。正是由于对规划的高度执行力，因而如今园区始终保持着既定的规划布局，适宜的建筑容积率，错落有致的建筑高度，以及和谐多元的建筑风格，也由此勾画出一般城市少有的富有韵律的城市天际线，营造出与苏州古城风格不同，但又相得益彰的新城区，让人看后无不心旷神怡，格外舒畅。

在地上地下问题上，工业园区严格执行"九通一平"的硬性原则，在把生地变成熟地的同时，预先把地下所需的水、电、气及下水道、排污管等等设施，统统布置到位。如果企业看中这地块需要开发时，一切都准备好了，到时候只要将各种接口进行对接就罢，用不着再去操更多的心。当然这种理念先前也是从新加坡那里学习借鉴而来的。据了解，如今苏州工业园区地下管网设施比较完备，有点类似电影里看到的国外城市地下管网的那种情景，更可喜的是，这种城市建设经验正在起着示范效应，在各地生根开花结果。

如今人们来到苏州旅游休闲，似乎都有一种穿越时空的感觉，这是为什么？因为这里古典与现代比翼双飞，你可以徜徉于千年古城，寻访那水乡的韵味、园林的意境、小巷的故事；可以到工业园区领略一番苏州文化艺术中心不时上演的交响乐、管弦乐、爵士乐，还有歌剧、话剧与喜剧；也可以到月光码头、李公堤、文化水廊、红枫地等，品尝浪漫的气息和迷离的渴望。当然你若有兴趣，还可以带着家人和朋友，到圆融时代广场或久光百货商场去逛逛转转，包你有一种不出国门，就能尽情享受到以往在境外商店购物时才特有的那种梦幻和满足。

三、城乡一体化，千年梦想，如今成真。当下在中国，有一种现象司空见惯，无须遮掩，套用一句流行话语，那是再合适不过了，那叫“城市像欧洲，农村像非洲”。这就是说我国目前城乡差别还很大，不少地方城市搞得有模有样，高楼林立，很是气派，就是一些县城也不例外。而许多农村面貌却没有更大的改观，无论是住房条件、生活设施都还比较落后。这也难怪一些年轻人都把进城打工安家，当作自己青春的全部梦想，并为之而苦苦追求。有的或背井离乡，或妻离子散，即使城里再苦再累，也甘愿在那儿待着、守着、活着。当然他们是无辜的，他们虽然没有办法选择自己的出生地，但同样有权利向往美好的生活。

其实，对中国的农村现状，上至党中央、国务院，下至各级党委政府，都是十分了解的，也是相当重视的。因此，多少年来始终把农村工作作为重中之重来抓，并取得了明显成效。但从客观上看，由于中国自古就是一个农业大国，幅员辽阔，况且自然条件比较差，因而农民的命运还没有得到彻底改变。“中国的根本问题，说到底是一个农村的问题”，我记得有位社会学家早就得出这样的结论。事实上也是这样，这也正是多少年来一直让中国的历朝历代执政者感到十分揪心棘手，却又似乎无可奈何的事。哪一天中国的农村问题解决好了，恐怕中国的其他问题也不是问题了。

当然，问题客观存在，发现似乎并不难，真正难的是如何去解决，这才是关键所在。然而，今天我在这里却要告诉大家一个好消息，也许苏州农村的富裕的程度可能还比不上全国个别最富的乡村，农民的生活也算不上是最好的，但从总体上看，她是走在最前列的。

其一，城乡之间居民收入差距是全国最小的。早在改革开放初期，苏州地区农民年人均纯收入仅为200元，城镇居民年人均可支配收入不足500元。到2012年统计数据表明，城镇居民年人均可支配收入为3.8万元，农村年人均纯收入为2万多元，两者之比为1.9∶1。

其二，农村的社会保障制度是目前全国最好的。2012年，苏州实现了城乡低保、基本养老、医疗保险三大保障全面并轨。也就是说，从此农民和城里人一样，人人都享受退休金和医疗保障。这大概是千百年来中国农民梦中也不曾做到的，而如今在苏州变成了现实。去年我与一位农村的朋友聊起这事时，他不无感慨地说，这一点农民感触最深，“现在上了年纪，生活有了保证，再也不需要像过去那样靠着子女去养老。我们打心底里感谢共产党，感谢政府”。

其三，交通更加快捷。目前苏州光高速公路里程就达到了535公里，形成了“一纵二横，一环二射”的高速公路网，每100平方公里高速公路密度达到6.3公里，已超过了德国现有的水平。全市范围95%的乡镇可在15分钟内上高速。与此同时，从苏州市区到四个县级市，乃至于各乡镇所有行政村，已全部实现了二级以上公路的连接，这为城乡的人流、物流畅通提供了很大便利。说到交通变化，我也颇有感受，1977年我在吴县太湖西山插队务农，那时候交通闭塞，西山还是孤岛，外界也没有什么公路，所以每次从那里出来到甪直父母家，总要换乘两次轮船才能到达，所花的时间通常要一天，而现在坐汽车走公路，最多也只需要一个多小时。

这就是苏州的农村，各方面与城市相差无几。难怪一些从西部来苏州旅游休闲的父老乡亲，看到这里农村的新景象新面貌都羡慕不已，有的甚至说让我们到苏州农村打工都愿意。有这样一个数据，现在来苏州打工的外来人员高达600多万，和苏州本地户籍人口之比为1∶1，在中国大概已找不出第二个这样的城市。这至少说明两点：一是苏州这些年经济发展实在强势，需要大量的就业人员；二是苏州这地方总体生存环境挺不错，也能挣到钱，对外来人员有着较强的吸引力。这也足以说明苏州不仅是城市的天堂，农村也不例外。

目睹着苏州这三十多年来发生的空前变化，人们在赞叹之余，可能马上会联想到这样一个问题，同在一片蓝天下，为什么苏州的发展更惊人，成效更大？这里究竟有什么奥秘？这个问题问得好，也许大家可以从不同高度、不同层面得出不同结论，而在我看来，不管你如何去归纳去总结，有这样三条大概是少不了的，我以为这既是她最为精彩之笔，也是她最为成功之处。

一是始终认准一个理。可以这样说，这三十多年来，苏州这变那变，似乎就是有一条没变，不管什么时候，也不管碰到什么问题，都要千方百计，让老百姓生活富起来，好起来。没有更深的道理，就那么朴实，那么现实。正是因为有了这样的主心骨，因此不管是刮这风还是那风，不管是允许的还是不可以的，反正他们横竖一条心，咬住致富不放松。早在各地还在痴迷着“以粮为纲”的时候，他们就兴办企业；后来看到搞外向型经济赚钱来得快，他们又不畏艰难，在干中学，学中干，闯出了一条致富新路子。

当然苏州的发展之路也不是一帆风顺平平坦坦的。他们同样遭受过风雨的侵袭，还受到过国际风云动荡的冲击，然而他们始终没有半点动摇过，只是比较注重策略的应用。当大气候比较有利时，就乘势而上，加快发展。当形势有点不妙，就放慢一些节奏，但主旋律依然是要发展。比如1989年国际国内风云变幻，此时苏州的决策者非常冷静，他们没有惊慌失措自乱阵脚，而是沉住气，小步走，不停步；到1992年小平南方讲话后，苏州则是借东风，策马扬鞭，一路高歌。

在这三十多年中，苏州有一点更是十分难能可贵的，那就是他们从不瞎折腾，也从没有发生大起大落，当然更没有栽过跟头。有一情况很能说明问题。大家或多或少可能听说过，20世纪80年代初，江苏的苏锡常被称之为长三角的“三驾马车”，可谓是三足鼎立，旗鼓相当。从某种意义上看，那时无锡、常州在许多方面比苏州还强，可后来这格局就完全被打破了，苏州像匹黑马一下子杀了出来，从此一路领先，扶摇直上。这是为什么？其中一个很重要的原因，就是苏州每一步走得都很稳，很准，又很快。相反无锡、常州好些年来总有点不太平，时常是一波未平一波又起，有的事搞得还动静不小，弄得人心惶惶，大伤元气，对当地发展的影响干扰及后果是不言而喻的。

二是抓住每一次重大机遇。曾记得十年前，《南方周末》有位资深记者在其《“苏州经验”的核心价值》一文中这样说过，苏州出身的干部为什么受到江苏省和中央的重用？他们在苏州的执政经验价值在哪里？换句话说，我们应该从何种层面上理解“苏州经验”？如果把这些问题放在苏州近二十年来的发展历程中来考虑，苏州经济高速发展之秘诀，套用一句大道理来解释无非就是，苏州抓住了机遇，而机遇之所以能被抓住，决策者的审时度势功不可没。我很是钦佩这位记者的洞察力，一下子就抓住了问题的要害。这些年来，苏州也确实如此，各级党委政府的机遇意识总是那么强，抢得是那么快，而且总是领先一步，步步为营，这主要表现在三个重要环节上。

第一阶段，20世纪80年代前后乡镇企业异军突起。那时，当许多地方还在人民公社“一大二公”的旷野里面对黄土背朝天脱贫无门时，苏州农村却早已充分挖掘周边城市“星期天工程师”的潜力，外界优势为我所用，走出了一条独特的乡镇企业发展之路，从此打开了农民致富奔小康的大门。

这里还特别要说一下，大家可能还不了解，中国小康社会的目标是怎样提出来的？那是1983年早春二月，作为中国改革开放总设计师的邓小平来到苏州视察工作。然而正是这一次苏州之行，他在进行了大量的实地考察、调查分析后，最终成就并坚定了他老人家对中国在20世纪末实现小康社会的战略构想和信心，因为他在苏州亲眼目睹了实现小康生活的现实版，还有那更美好的明天。这个时期最为显著的变化就是农民“由农转工”，不再是传统意义上的日出而作，日落而息，而是边在田间劳动，边在村办企业做工的新型农民。一时间“四处冒烟”，便是苏州当时的一道独特风景线，工业经济总量很快占据了苏州的“半壁江山”。

第二阶段，20世纪90年代前后外向型经济突飞猛进。那时，改革开放的号角又一次吹响，苏州又奇迹般地抓住了上海浦东大开发的机遇，以及台湾产业升级和转移的有利时机，创出了依靠外向型经济发展的新路，并大获全胜。其主要特点是，产品“由内转外”，并在国际市场占有了一席之地。工业经济份额也由原来的“半壁江山”一举成为“三分天下有其二”，让苏州经济上了一个大台阶。

第三阶段，本世纪前后开发区城镇化大发展。其时，苏州人多地少、资源环境等矛盾越来越突出，苏州偏偏又一次瞄着了这样的时机，倒逼自己，在产业集聚上下功夫，首开先河，搞起了综合开发区建设。明显的特征是变过去乡镇企业“遍地开花”，外资企业“烽烟四起”为现在的“由散转聚”的集中开发，并结合城镇建设，整体规划，统一布局。也就是现在总结出的“三集中”，即工业向开发区集中，人口向城镇集中，农业用地向规模经营集中。正是凭着这种强烈的抢先一步抓机遇的意识，苏州先后建成了苏州工业园区、苏州高新区、张家港保税区、昆山开发区等五个国家级和十二个省级开发区，这在全省，乃至在全国也是遥遥领先的。大家也可以想想，假如那些年，苏州没有抓住这种机遇，今天的苏州会怎样？当然苏州从来不会去假如，正是因为抓住了每次重大的发展机遇，便始终走在了时代的前列，自然为天堂苏州增添了更大的活力和魅力。

三是靠"三大法宝"。都说每个时代都有它独特的力量源泉。那么这三十多年来，苏州在这方面有了怎样的建树呢？这就是被称之为苏州制胜的"三大法宝"，即"张家港精神"、"昆山之路"和"园区经验"。它是苏州发展史上极其宝贵的精神财富，也是这些年苏州创造辉煌业绩的内在推动力。

看看"张家港精神"。它就是16个字，"团结拼搏、负重奋进、自加压力、敢于争先"。了解张家港的都知道，她的前身是沙洲县，因其贫困落后，被喻为"苏南的苏北"。在当时苏州的六个县的排名中，总是"小六子"。由此学习赶超先进，便成为张家港精神产生的时代背景。到20世纪90年代初，面对新的发展形势，张家港人认识到，要推动经济腾飞，必须用强大的精神力量来激励广大干部和群众，从而解放思想，振奋精神，凝聚人心，开创大业。他们始终向先进看齐，向强手叫板。他们敢于谋划大思路，运用大手笔，写好大文章，无论是硬件，还是软件，都坚持"要干，就要干得最好"，"各项工作争一流"。正是凭着这种精神，早在1995年就把张家港打造出两个文明都过硬的全国典型，并一举成为全国百强县前十名。

我和张家港似乎也有一种特别的缘分，二十年前，当中宣部把张家港这一典型推向全国的时候，我有幸沾得了一点仙气，本人撰写的专论张家港精神的理论文章，有幸在《求是》杂志上发表。我曾这样写道："从本质上讲，张家港精神就是一种不甘落后、奋发向上的进取精神。它的内涵十分丰富，这是一种团结一致、万众一心，共创大业的精神；这是一种解放思想、抓住机遇，加快发展的精神；这是一种知难而上、奋力拼搏，艰苦创业的精神；这是一种脚踏实地、埋头苦干，乐于奉献的精神；这也是一种敢于争先，敢于胜利，敢于冒险的精神。"至今每每说起张家港，我还莫名地激动，因为我时常也被这种精神所鼓舞着，激励着。

再走走"昆山之路"。一说到它，我便自然想起鲁迅曾说过的那句话：地上本没有路，走的人多了，也便成了路。在我看来，这用在昆山身上是最合适不过了。与此同时，我又想起同样是出自鲁迅之口的另一句话，"第一次吃螃蟹的人是很令人佩服的，不是勇士谁敢去吃它呢？"这也似乎是专指昆山人的。为什么呢？我一讲就清楚了。首先昆山就是阳澄湖大闸蟹的故乡。而若要问在中国的县级市中，是哪一个地方第一个搞起了自费开发区？没有半点悬念，就是我们的昆山。早在1984年，各地还不知道什么是开发区时，昆山已搞得风生水起。要知道，那时可没有先例，没有现成的经验可借鉴，全部要靠自己摸索，自费开发。当然最终还大功告成了，成了国内一流的国家级开发区，成为全国IT产业的重要基地和台商投资的聚集区。在我看来，"昆山之路"的核心价值，就在于它勇于走前人没走过的路，时时快一步，事事抢在先。

至于这"园区经验"，更是回味无穷。简而言之，它就是"借鉴、创新、圆融、共赢"八个字。其内涵就是虚心学习新加坡先进的软件管理经验，并紧密联系苏州实际，不断开拓创新。与此同时，以开阔的胸襟，融合各种文化，真诚合作，最终形成合力，实现共同发展。经过短短二十年的开发建设，园区以其非凡的成就向世人表明，她已成为中国对外开放和国际合作的成功范例，成为全球最具国际竞争力的产业集聚区，也成为全国园区科学发展的典范之作，如今的园区，已成为全球一流高科技企业高度集群的一方热土。假如有机会，某一天你站在工业园区管委会23层的天台上眺望，就能看到，近处，金鸡湖畔错落有致地分布着80余家世界500强企业；远处，独墅湖边，23所国际高校，7万多名师生所构成的"没有围墙的大学"已成为一道独特的风景线；在其左右两边，国际科技园、创意产业园、中新生态科技城、苏州纳米城等创新集群基本形成。

如今，每次我来看工业园区，时常便会产生一种莫名的遐想，这是上帝的安排，还是历史的巧合？公元前514年，苏州古城的总规划伍子胥，“相土尝水、象天法地”，终于成就了这苏州古城，并一直延伸到了今天。而2500年后的1994年，苏州人仿佛与老祖宗心灵相通，在古城的东边，营造出一个以金鸡湖为核心的占地80多平方公里的现代都市。我不敢说这里的软环境能与境外著名城市相提并论，但就其硬件建设，诸如整体的布局，商务业态，公共设施，还有文化娱乐等等，恐怕一点也不亚于他们。2011年工业园区金鸡湖景区被评为全国唯一的“国家商务旅游示范区”。现在常有人把金鸡湖与杭州西湖相媲美，甚至说超过了西湖。我倒以为不能作这样的简单比较，应该说各有千秋。不过有一点倒是可以十分自信和肯定的，那就是她早已成为人们心目中天堂苏州的又一个新亮点。

纵观苏州一路走来的轨迹，若是我们再能够往深处探究，就不难发现，苏州之所以在短短的三十多年时间里会取得如此荣耀，能够用一个更美的天堂惊艳世人，追根溯源，说到底还是来自于苏州人自古以来从血脉里传承下来的那种秉性，那种秉性再讲得透彻一点，就是苏州人特有的一种精神，而这种精神更确切说，就是一种苏州水的精神。

我这样一说，有人可能会觉得有一点疑惑，或许还没有完全反应过来，这苏州的一切怎么最终都归结于苏州水的精神呢？

有一点大家恐怕不会否定，世界上任何一个地方或城市精神的产生，都是和它特定的自然环境和氛围分不开的，人们都说“一方水土养一方人”，就是这个道理。

从地理环境来说，苏州自古以来就是一个天然的水乡泽国。与水为临，气象万新。君不见，鱼米之乡缘于水，物产丰盛来于水，城镇繁华临于水，四通八达得于水，景色秀丽浸于水，女人优雅润于水，人之聪明灵于水。还是那句话，水是生命之源，上善若水，水多了，水活了，一切都变得枝繁叶茂，生机勃勃，绚丽多彩。

从文化层面做观察，这水一旦融入文化天地，便就是常常搁在嘴边的那句话了——文化如水。到这份上，水就升华了，水也豁达了，正是水的千百年的孕育和滋养，这文化之水便荡漾起阵阵涟漪，绽放出无限的美丽。于是人们稍不留意，在这水乡的世界里，就能领略到无处不在的扑朔迷离的文化光影：那便是园林池水边、曲径上，游人驻足的凝思和移步换景的遐想；那便是从昆曲水磨腔中磨呀磨终于磨出的一分委婉和几多风雅；那便是又糯又甜又嗲又嫩的被称之为中国最美声音的吴侬软语；那便是乡里乡间大街小巷饭前茶后百听不厌的评弹声声；那便是吴门画派笔下一路飘逸而来的写意山水和水墨烟雨；那便是木雕、砖雕、石雕、玉雕似水如水的精致圆润；还有那双面绣惟妙惟肖细腻无比的绝活……

从水的特性看，它是一种浸润的传承，它是一种内敛的恩泽，它是一种婉约的坚韧，它是一种载体的担当，它是一种无形的渗透，它是一种洁净的坦荡……而水的这种性格，在苏州这片天地间历经千百年的打磨锤炼，总以一种独特的方式呈现，它既没有大江的奇险，更没有沧海的磅礴，自然也很少有其凌厉的冲刷，倒常常是看似平和文静，却蕴含着一种滴水穿石的巨大能量，又是那样地从容那么地淡定。苏州水的这种个性，自然也会影响到苏州人的品性，甚至注入人的魂魄。于是——

她用水之灵动，舞起文脉的永恒。

她用水之温柔，铸就自强的不朽。

她用水之明媚，激荡包容的非凡。

她用水之执着，追逐天堂的高远。

正是源于这种苏州水的精神，多少年来，我们从中获得了无穷无尽的力量。而当下我们又有新的梦想，所面临的任务更为艰巨，况且前进的路上还会遇到不少新情况、新矛盾，还有不少棘手的问题要去解决，这就更需要我们用苏州水的精神，作为强大的内动力，去引领，去给力，去攻坚克难。以我看着重要从三方面去努力。

一、经济要以柔克刚，转型创新。大家可能还记得，早在十几年前，我们苏州就受到一位名叫龚坚网友的质疑。他通过对苏州和成都的GDP、城乡居民人均收入的对比分析，竟然发现除GDP、进出口总额数字苏州大大超过成都外，很多相关居民生活水准的经济指标，苏州还比不上成都。于是他得出结论，苏州人不如成都人富裕。此言一出，随即在网上引起轩然大波，又经媒体一炒作，加上理论界、经济界的加盟，一时间“只长骨头不长肉”、“市强民弱”之声不绝于耳，此起彼伏。

说句公道话，这位网友的分析不能讲全有道理，甚至有点偏颇，但有一点也是实情，苏州GDP的总量的增长速度与其城乡居民实际收入增长幅度，似乎不那么同步。于是给人们的一种直觉便是：你苏州看看经济发展很快，可老百姓好像得到的实惠并不多，生活也算不上很富裕。

那么为什么会这样？有一个很重要的因素，与苏州经济结构有关，即外向型经济偏重。而外向型经济从一定意义上讲有点“房东经济”、“世界工厂”的意味。就以生产鼠标的美国罗技公司为例，每年都有2000万个在苏州生产并贴着“中国制造”标签的鼠标运往美国。在美国销售，每只鼠标为40美元。在其价格构造中，罗技公司拿8美元，销售商拿15美元，零部件供应商得14美元，而苏州这边能得多少呢？一算就清楚了，可怜的3美元，其中还包括工资、电力、交通和其他开支。无疑，中国干的是劳动密集型打工活，挣的仅仅是辛苦钱。

当然发展初期恐怕只能这样去做，别无选择，也算是做学徒，交学费吧。此外，如今苏州的经济总量、企业数量不能说不大，也不能说不多，但就其整体效益看，却总不那么尽如人意。这又是为什么？最主要还是因为企业科技含量不高，生产力偏低。如果说三十多年来，我们经济增长主要仰仗的是粗放型、数量型、劳动密集型、资源消耗型为主的话，那么接下来我们无论从理念还是行动上，都务必要从质量上去考虑，从效能上着眼，来一个根本性转变。

务必优化产业结构，下狠心关停并转一批不适宜的企业。通俗地说，要善于提高单位面积土地产出效益。有个情况大家都知道，就人口而言，外来人员与本地人口之比达到了1:1，即总人口达到了1300万之多。大家想想这对苏州意味着什么。要知道外来人员来到苏州，除了就业，当然还要生活，接踵而来的事情也很现实。比如说他们的住房、子女入学、看病就医、社会保障等等，还有社会层面的交通、治安、管理等等，随着时间的推移，这种矛盾还会加剧，无法回避。别的不讲，我们常常看到这样的情景，很多外来人员来到苏州打工，有的甚至还拖小带老一大帮，就拥挤在租来的小房子里，吃喝拉撒全在一起。可以想那是过的什么日子。同样这给苏州当地带来的各种压力和困难也是可想而知的。由此，各级政府各个企业都应该重新审视这一实际情况。苏州历来是一个包容开放的城市，也从不排外，但也要实事求是，考虑自身的承载能力。

务必向科技要生产力。瞄准高科技前沿，培养发展一批具有世界领先地位的新兴高端产业，占领市场制高点。这里最关键的是要加大对各类高端人才的引进力度。苏州自古就有这个好传统，历来是人才云集的高地。当然还要有自主创新的品牌。对于一个企业，一个地方，若总是没有自己的看家本领，总是没有自己的核心技术和产品，那么在当今激烈的市场竞争中，你只能是任人摆布，任人宰割，这已不是什么秘密。这方面苏州已有不少好的品牌，但从整体看，一方面还远远不够，另一方面影响力还不是很大，尤其是用国际视野，市场的眼光来衡量，还相差很远，务必加倍努力。

二、环境要道法自然，回归生态。说到这一点，在以往似乎仅仅还是一种概念，总以为我们是天堂，是鱼米之乡，恶劣的环境与我们苏州不搭界。然而，前些年，苏州的近邻无锡爆发太湖蓝藻污染事件，为苏州重重地敲了一记警钟。再环顾四周，曾经的“春水碧于天，画舫听雨眠”水乡美景，也正在渐渐离去。尤其是这几年，取而代之的便是时有的雾霾，浑浊的空气，还有那发黑的河水。

而这一切是怎样发生的呢？不能不说，与我们的发展方式、生活习惯密切相关。细细想想，这好像是一场噩梦醒来。不错，这些年来有一个伟大的真理早已深入人心。发展是硬道理，尤其是对中国这样一个长期贫穷的国度而言，这种渴望，这种期待，完全是合情合理的，没有半点过分。包括直到现在为止，经济仍然是国家的重中之重工作，发展仍然是第一要务。

但我们同样也不能丢失这样一个真理，而且被实践反复证明了的真理——任何事物过了头，走向了极端，就会走向反面。哲学上常讲的，真理跨前一步就成了谬论，就是这个理儿。所以从这个定义上看，硬发展就是没道理，尤其是不顾一切，胡来一气，乃至不惜牺牲自然生态、生活环境，搞所谓的发展，那就根本没有半点名堂。因为理儿就明摆着，发展的本意是为了人们生活更美好，而因我们的发展破坏了生态，污染了环境，反过来影响了生活，甚至造成了莫大的伤害，显然这已经超越了发展的本来的范畴。我们只想面对现实，生活在更加美丽的天堂。

这不由让我想起2013年3月份在全国人代会上，习总书记在参加江苏代表团讨论时讲的一段话，他说，江南是个好地方，自古就有“上有天堂，下有苏杭”之美誉。之所以称苏州为天堂，我想不只是因为这里经济繁荣，社会安定，苏州天堂之美，还在于太湖之美。不是有首歌嘛，叫《太湖美》。确实生态很重要，希望苏州为太湖增添更多美丽色彩。习总书记对苏州可谓是语重心长，尤其是对苏州的生态自然环境给予厚望，这里面深藏的内涵，不说大家也很清楚。

也就在2013年3月，《人民日报》在显著位置刊登了一篇题为《鱼米之乡忧鱼米》的长篇通讯。说苏州是历史上公认的鱼米之乡。据统计，1949年到1986年，苏州水稻面积高达400万亩以上。可现在只剩下125万亩，其余的都种上了来钱来得快的“工厂”、“房地产”、“GDP”。20世纪六七十年代，苏州还曾是重要的商品粮输出基地，如今三分之二的粮食要靠外地调运。水稻田一次次失守，生态环境一天天恶化。记者不免要为苏州的未来担忧，没有稻田的农村还是江南水乡吗？不产稻米的苏州还是鱼米之乡吗？这不能不让人深思，不能不让人忧心忡忡。

这倒让我又记起2011年10月，受组织指派专程去德国鲁尔实地学习考察经济转型升级的事来。所见所闻可谓是刻骨铭心。给我最大的感受是什么呢？也许你不用猜就知道了，那就是那里的自然生态。在二十多天的时间里，我的照相机从没闲着，即使在行驶的大巴车上也在咔嚓咔嚓地忙个不停。不了解我的人还以为我是个摄影发烧友呢。其实，恕我直言，一切都源自我被异国他乡原生态的环境震撼了。所到之处无不是地绿水清，天蓝云白，鸟语花香。尽管我知道那不是我的祖国，也不是我的家园，可我明白，美好的大自然是不分国界的，我要把这景色记录下来，好好让国人分享。

不过大家可能也不曾想到，鲁尔地区也曾有过惨重的教训。原来这里是个农业地区，可从19世纪40年代起，为了发展经济，便大规模地开采煤矿大炼钢铁，别的不说，光冒着黑烟的烟囱就有六千六百多个。世界闻名的克虏伯钢铁企业就诞生在这儿。由于一开始也没有注重环境保护，因此给生态带来了很大污染和破坏，一时间树木枯黄，天空发灰，河水变黑。甚至最后到达20世纪60年代人口被迫大迁徙的程度。在残酷的现实面前，从国家层面到当地政府痛定思痛，采取了一系列的行动纲领，进行综合整治，这才恢复了原貌。如今鲁尔已成为国内外游客们观光休闲必选的目的地。

现在样样东西要有底线，生态更是如此。我们说苏州是天堂，其中一个最重要的前提是它有着良好的自然环境。而假如我们赖以生存的环境，这最后的一条底线也突破了，那苏州还能算得上是天堂吗？欣慰的是近几年苏州开始觉醒。从2013年起，苏州市委、市政府就作出决策，制定并实施了“四个百万亩”规划，即确保优质水稻、特色水产、高效园艺、生态林地各100万亩。还对全市546条农村黑臭河道进行了整治，对市区所有河道进行了全面清淤，使水质有了一定改善。这方面，从苏州情况看，我以为：最关键的，也是最重要的，还是要把苏州的水真正治理好。因为水是苏州的一切之本，也是生态环境的一面镜子。什么时候看到我们苏州成千上万的湖水、河水清纯了，明净了，苏州的生态环境就自然会让我们的老百姓满意了，生活品质也就提高了。水环境的改善还有待于我们每一个人的自觉。呵护好天堂之水，也是大家应尽的责任和义务。最主要是养成一种良好的生活习惯。河道不是下水道，不是什么都可以往里面扔的。人们理应为它的洁净添彩，而不是抹黑自毁。

三、文化要融入现代，化优势为强势。客观地看，以吴文化为代表的苏州传统文化，有着悠久的历史，深厚的底蕴，它不仅门类众多，而且有着很强的综合优势，它对其经济社会的发展起到了强大作用。这么多年来，苏州在传承文化方面也做了大量卓有成效的工作，尤其在文化遗产抢救、古城保护，乃至于教育事业、公民素质上，始终走在全国前列。

但不能不看到，也不能不承认，我们的文化优势似乎还没有更好地发挥出来，就看她的知名度影响力，不要说在世界上，就是在国内，也远没有达到明清时期苏州那种中心地位的程度。因此，当今如何把传统文化的优势转化为文化的强势，是我们不能不去思考，不能不去开拓的一个重要课题。在这一点上，我们头脑要足够的清醒，我们正处在一个高科技迅猛发展，互联网多媒体瞬息万变的时代，由科技给社会带来的冲击和影响是势不可挡的，而且人们也总是追逐新潮，讲究现实。唯有与时俱进，推陈出新，才能不被淘汰。

我们常说苏州历史怎样怎样的悠久辉煌，苏州的文化又是如何如何的博大精深，那好，你就把它展示出来，彰显出来，让人一睹芳容，让人眼见为实，否则恐怕就难以让人口服心服。就以历史为例，早在春秋时，我们的祖上吴国也曾经是显赫一时威震天下的春秋五霸之一，还出现过诸如伍子胥、孙武、干将、莫邪等无数有名有姓的一代英豪。可至今为止，在一个多媒体传天下的世界里，苏州还没有一部在全国造成特别影响给人留下深刻印象的经典之作，包括小说、电影等。这多多少少让人有点遗憾。还有，都说苏州是中国文化静谧的后院，可当今呢？尽管经济确实发展神速，也很耀眼，但文化上却似乎略逊一筹，至今没有更大建树。其实以往苏州的文化创新能力是十分强盛的，几乎每个时代都有着它的标志。比如像吴门画派、古典园林、昆曲戏剧、评弹说唱、明清家具、苏作玉雕，乃至桃花坞年画、苏式美食等等，无不都是勇于创新之成果，在中国的文化史上也是独树一帜流芳百世的。

还有在大旅游上，也亟待发力。2012年9月，随着行政区域的调整，苏州古城已由原有三区整合成现在的一个姑苏区，无疑这为苏州大旅游一盘棋创造了极为有利的条件。现在关键的是，要把苏州的旅游放到国内国际的大旅游格局中去通盘谋划布局。这些年，另一个天堂杭州打出了“休闲之都”的旗号，颇有影响和成效。那么有着同样美誉的天堂苏州，究竟如何定位？到底打什么牌？如何让苏州不仅仅成为本地人享受的天堂，而且也能成为全国乃至世界旅游目的地的天堂，看来大有文章可做，大有潜力可挖。期待这一天早早到来。

说到文化，我时常总有一种心愿，一种期待，也许很天真，甚至有点幼稚，有那么一天，你来到天堂苏州，看见一个人，什么也没说，什么也没做，但你只要瞧他一眼，便知道他是苏州人。那我就欣慰了，我就自豪了。因为那是苏州的文化已潜移默化地浸入了他的血脉，并化作了他特有的素养、内涵、气质。哦，这也许就是人们常说的苏州那种与众不同的文化软实力和文化独特的魅力。

重印后记

如今《天堂苏记》重印了。离第一次出版相隔仅一年多时间。

其实这算不了什么，或许书还可以看看。也就在前些时候，本书被古吴轩出版社评为“2014年度十大好书”，并入选2005—2014年“苏州地方文化精品出版书目”。

谁都知道，当下出书并不难，难的是出了书有人要看。再讲得直白点，书自身要有价值，读者认可才行。那么这本书有些什么价值呢？一年多后来审视，恐怕可以看得更清晰些。大致有四个“第一次”。

一、第一次直面千古话题，书写天堂苏州，也算首开先河，填补空白。“上有天堂，下有苏杭”，这句俗语早在宋朝就响彻神州四方，传遍大江南北。至今依然经久不衰，耳熟能详，几乎无人不知，无人不晓。也许正是因为人们对她太熟悉了，早已约定俗成知其然，以至多少年来，倒是很少有人会钻天打洞打破砂锅问到底，深究其所以然来。即便是一些文化人士大概也没想那么多，更谈不上把她作为一门学问来深入探究。由此一个不争的事实也明摆在那里，从现有历史留存下的各种文献书籍等方面来看，至今尚未看到或发现有关这方面的论著，退一步讲，即便相关文章、书籍有时也多多少少涉及到一些，但大都也比较笼统、单一，或是三言两语，或是一带而过。诸如“苏州这地方，自古是个鱼米之乡，向来富足美好呵”等等。由此，可以这样说，《天堂苏记》是迄今为止，人们读到的第一本有关专讲天堂苏州的书籍。我国著名评论家陈辽说：这本书为天堂苏州的成名解了谜。从此，人们对天堂苏州的前世今生来龙去脉有了一个基本的读本。也正如文化学者汪长根所言：这为人们全面深入地浏览天堂苏州，感知天堂苏州，体验天堂苏州，发现天堂苏州所蕴含的更多魅力和风采，起到了一次别样的先导作用。

二、第一次提炼出“六大要素”，诠释天堂苏州，虽不能讲是最权威的，但至少是难得一见的。如今诠释城市的书籍比比皆是。有的真不错，可圈可点。也有些则不敢恭维，或是海阔天空，不着边际，乱吹一通；或是面面俱到，包罗万象，云里雾里；或是浮于表面，拿来主义，人云亦云。诚然诠释好一个城市很不容易。尽管也没有一个完全统一的标准，视角也可各不相同，但不管如何，有一点倒是可以肯定的，那就是你所解读出来的东西，总要与人们记忆里的那个大致接近。也就是人们常说的，要有那么些形似，最好还要有些神似。诠释的全部使命和追求就是要达到这种境界。而《天堂苏记》则独辟蹊径，用全新视角，梳理出“六大要素”，从自然地理、辉煌历史、千年古城、文脉传承、精致园林、风雅昆曲等方面，来解读天堂苏州。这不仅比较系统，抓住关键，起到了纲举目张、画龙点睛、事半功倍的作用，而且更重要的是比较精准到位，有根有据，条条在理。让人最大的感受是：这就是传说中天堂苏州的模样。不仅如此，而且写出了天堂苏州的精气神。把本是人们印象中的大都笼笼统统模模糊糊的，甚至说不太明了的天堂，一下子活化起来，成为可以看得见摸得着的天堂。当然不能说这已到了无懈可击的程度，但当你读完此书，注定会怦然心动。文化学者周世康在书评中这样写道：凡是著书，总要有点新发现，给人新启发。有时一个新视角，就是一种出人意料，甚至耳目一新。因为新的角度，表明是站在过去从未注意过、涉足过的方位去观察。这时，尽管所用材料、史实、故事大多不是新的，但他们被组织进新的架构中，去服务于新的逻辑系统与论证系统，它们就从整体上产生了质变，能给读者新的收获。《天堂苏记》就是这一类书。

三、第一次用水作精魂，穿越天堂苏州，无疑把住了事物的本质，渊源血脉，千古长流。这千百年来，究竟是一种什么样的传奇，让天堂苏州如此昂扬，经久不衰？又是一种什么样的力量，让天堂苏州如此厚重，魅力无穷？本书追根溯源，纵论天堂苏州得天独厚的自然环境，悠久显赫的历史，博大精深的吴文化，从中惊奇地发现，这一切的一切，一脉相承，贯穿始终的，归根结底都源于苏州独特的水，这水就是苏州的精魂。从某种意义上讲，苏州水的精神，就是苏州人的精神，也就是当下苏州的城市精神。这何以见得？谁都不会否定，世界上任何一个地方或城市精神的产生传承，都是与她特定的环境氛围不可分开的。“一方水土，养一方人”，说的就是这个道理。从自然层面看，苏州自古以来，就是一个天然的水天堂，与水为临，气象万新。还是那句话，上善若水，生命之源。因为有了水，一切都无不充满活力，生机无限。从文化角度作观察，这水一旦融入文化的天地，文化便如水了。正是在水文化的孕育和滋养下，才有了苏州那古典园林的天人合一，水磨昆曲的缠绵婉约，吴门书画的烟雨江南，评弹声声的吴侬软语，红木雕刻的精致圆润，双面刺绣的惟妙惟肖。而从苏州水的特性来剖析，她又有着与众不同的个性。在这座天堂里，苏州水历经千百年来的锤炼，总以一种独特方式展现其特质，既没有大江的奇险，更没有沧海的磅礴，也很少有其凌厉的冲刷，倒常常是看似平和文静，却蕴含着一种滴水穿石的能量，又是那般从容淡定。苏州水的这种特质，自然会影响浸润人的秉性和品性，乃至注入人的骨髓、血脉和魂魄，久而久之，便形成了苏州人像水一般特有的精神。她用水之灵动，舞起文脉的永恒；她用水之温柔，铸就自强的不朽；她用水之明媚，激荡包容的非凡；用水之执着，追逐着天堂的高远。刚柔相济，文以载道，精致秀雅，不屈不饶，正是这种精神的风骨所在。也正因为苏州人的血脉里，总是源源不断奔腾传承着这种水的精神，以至这千百年来，苏州一次次走向风雅美丽，天堂也愈加绚丽多彩。由此本书并没有像传统的书籍那样，仅仅停留在对历史的记录上，甚至自恋的赞美上，而是用水来作为一面镜子，观照当下，展望未来。就在书的最后一章中，直面苏州水的现状，无不充满忧患和忧伤，进而作出了深刻的反思和理性的思考。简而言之，今天我们苏州依然需要用水之精魂，去传承，去引领，去开创。经济要以柔克刚，转型创新；环境要道法自然，回归生态；文化要融入现代，化优势为强势。让天堂苏州的明天更美好。

四、第一次熔多种文体语境于一炉，呈现天堂苏州，使之通常比较严肃沉重的书籍变得通俗可读起来。书是让人来看的，这就涉及到一个用什么方式来表达。通常像这类书籍，或许内容都挺好，可写起来容易走入俗套，让人觉得有些说教空洞，甚至刻板乏味。无疑，本书在这方面进行了大胆尝试。也许是作者经历所致，先是年少时，作家梦没少做，诗歌散文小说都碰过，只是等来退稿无数。后来工作了，在机关弄弄笔头，什么请示汇报、经验总结、理论文章、领导讲话、调研报告，样样都要弄几下，还不错，略有成果。以后又在电视报纸媒体摸爬滚打了一些年，也算是入了些门。总的看，谈不上样样精通，但都有几把刷子。然而也正是凭着这般阅历，在这本书里，便把这本不太相干的各类文体、语境，来了个别开生面的大杂烩，融会贯通在一起，然后采用像时下电台电视里流行的“百家论坛”话说的形式娓娓道来。或是归纳提炼，理性思辨；或是散文情调，诗化语言；或是妙语连珠，绘声绘色。让人无不感到一切都显得那么深入浅出，通俗易懂，朗朗上口。文化学者朱永新在书评中这样说道，这本书的写法很特别。全书七章的章名串联起来就是一首可以吟诵的诗歌：得天独厚好地方，鱼米之乡繁华地；悠久历史始春秋，称霸一时曾风流；千年古城数第一，至今犹存更盎然；自古文盛出状元，崇文重教代代传等等。借鉴苏州评弹中说书人的技艺，夹叙夹议，讲故事，谈掌故，幽默风趣。这本书不像一般的历史那样严肃，一本正经，也不像一般的野史不成体系，是一本可读性不错的地方文化读本。也正如文化学者秋末先生所言，这是一本介于学术专著与通俗读物之间的苏州读本。把历史与现实糅合在一起，情感、认识、见解融于史实和历史走向中，人物是活的，史实是动的，苏州何以成为天堂，通晓、明白、清晰。用这样的方式来诠释，通俗又不失厚重，明白又不失丰盛，使人容易接受。